LES
GÉMEAUX

PAR

AMORY DE LANGERACK

PARIS
H. LAROCHE, LIBRAIRE-GÉRANT,
Rue Bonaparte, 66.

LEIPZIG
L. A. KITTLER, COMMISSIONNAIRE
Querstrasse, 34.

H. CASTERMAN
TOURNAI

LES GÉMEAUX. — LES DIAMANTS.

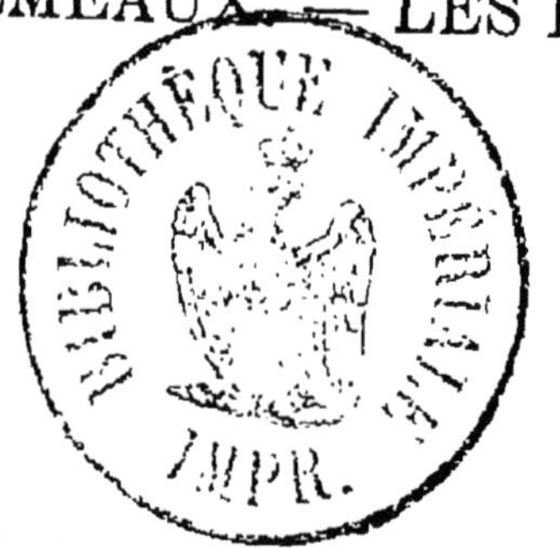

N° 54.

COLLECTION A 1 FRANC.

Cette Collection s'augmentera de volumes nouveaux.

LES GÉMEAUX

LES DIAMANTS

PAR

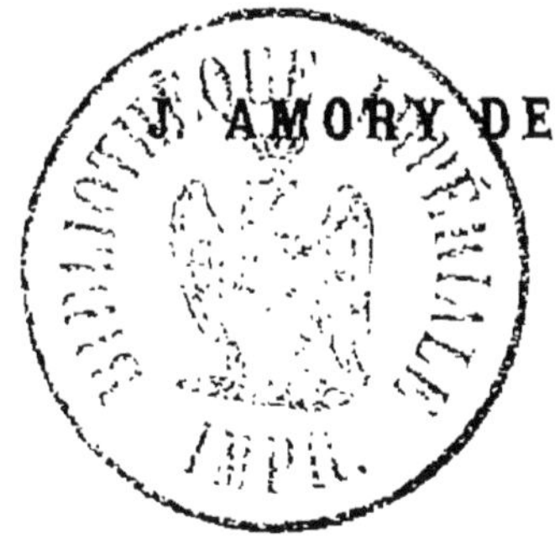

J. AMORY DE LANGERACK.

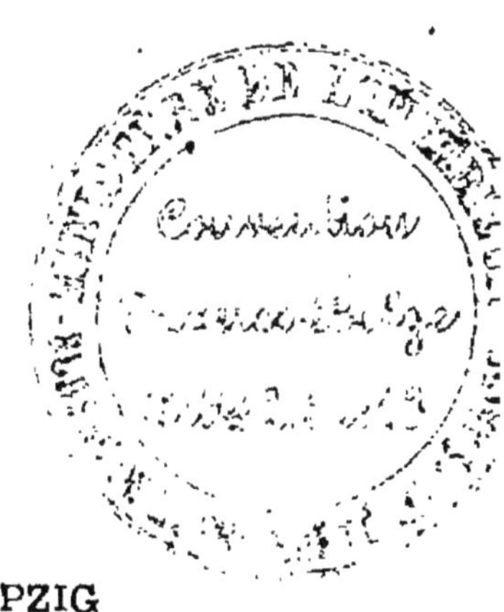

PARIS

P.-M. LAROCHE, LIBRAIRE-GÉRANT,
Rue Bonaparte, 66,

LEIPZIG

L. A. KITTLER, COMMISSIONNAIRE
Querstrasse, 34.

H. CASTERMAN

TOURNAI.

1867

LES GÉMEAUX.

A

Ma nièce, Clotilde Claire.

LES GÉMEAUX.

———◦◇◦———

I

Le soir élevait ses premières brumes sur la poétique terre d'Allemagne. — C'était dans un coin oublié des provinces rhénales du Nord, sur la limite d'une des trois zones imaginaires d'après lesquelles Malte-Brun a si bien marqué les divers caractères de température, de sol et d'aspect qu'offre dans son étendue ce pays d'une nature si variée. Là, finissent les longues plaines unies couvertes d'un sable humide ; là, se perdent les immenses bruyères du Hanovre. Le climat austère de la Basse-Allemagne quitte ici ses rigueurs. Des montagnes naissantes défendent les vallées des vents froids qui soufflent du Nord. Un ciel sans ardeurs, mais déjà plus généreux, sourit aux collines fécondes. De riches vignes couvrent les coteaux, et fléchissent sous le poids des lourdes grappes bleues. A leur pied, croissent l'orge et le froment. Ici, le Rhin, sentinelle vigilante qui promène ses flots sévères sur le seuil de l'Allemagne, répand au loin la fertilité, à l'aide de ses affluents nombreux. De verts pâturages descendent le long des sites; et de silencieuses vallées, coupant inégalement ce gracieux paysage, y répandent cette teinte de sérieux et de mélancolie qui serre le cœur du voyageur indifférent, et ouvre celui du poète à l'inspiration et à la prière.

Rêveuse Allemagne! Comme le poète aussi, elle vit par l'âme; elle pense, elle regrette, elle se souvient. Ses traditions demeurent debout au milieu des vestiges des siècles écoulés. Simples et paisibles, les enfants de ses vallées et de ses montagnes ne demandent rien à l'agitation des villes. Des croyances héréditaires, des vertus patriarcales remplissent leurs jours qui passent comme le flot pur et cadencé des ruisseaux de leurs prairies. Mais ces vies, en apparence vulgaires, ces vies dévouées à d'humbles travaux que l'inactivité de l'intelligence ne laisse pas s'élever jusqu'à l'industrie, ces vies sont quelquefois de touchants poèmes. Il semble que le temps qui nous emporte à travers le siècle avec une rapidité si effrayante, traîne ses ailes sur ce sol paisible où la végétation elle-même croît avec lenteur. Ce peuple se sent vivre, et ses impressions sont profondes et durables. Aussi peut-on dire que l'esprit du moyen-âge y a survécu au moyen-âge lui-même. La féodalité a disparu; mais le respect de l'autorité sous toutes ses formes est demeuré dans sa plénitude. Le devoir, ou religieux, ou social, ou privé, a conservé là toute son importance, toute sa sainteté. On sent que ce peuple, ces familles, sont habitués à aimer ce qu'ils respectent, à vénérer ce qu'ils aiment. Le père est le souverain dans la famille; le souverain est le père de ses Etats. Cette exquise délicatesse du sentiment, l'esprit chrétien dans sa pureté, l'amour inné du beau dans des âmes honnêtes; l'intérêt du caractère national que n'a point altéré le contact des nations voisines devenu plus fréquent, la religion de la famille et des coutumes; enfin, des harmonies mystérieuses entre les hommes et les lieux; de la réunion de tout cela sans doute, naît cette poésie qui s'exhale avec le parfum des fleurs du sein de ces contrées, et qu'on y respire partout.

Tel est, à peu près, l'aspect des lieux où nous prenons le sujet de notre récit. Récit bien simple, trop pauvre, peut-être, pour des imaginations exigeantes; récit qui tire tout son intérêt du sentiment qui l'anime, et qui n'aura de valeur qu'à la mesure de votre sensibilité, ô mes aimables lecteurs!

Les voiles du soir commençaient donc à envelopper les campagnes du duché de Bade; et les dernières lueurs du jour, perçant les brouillards légers, coloraient un des plus gracieux tableaux que le voyageur ait pu admirer en traversant ces provinces. Au loin, des collines couvertes de blés et de vignes, ou ombragées de genévriers; quelques moulins dispersés çà et là, protégés par des haies d'églantiers; plus bas, une vallée profonde, traversée par une route, se terminait aux remparts de la ville. Puis, s'étendait une prairie que partageait inégalement un ruisseau limpide, serpentant paisiblement au milieu des fleurs. Une haie de vieux saules bordait l'eau, et descendait par une courbe gracieuse jusqu'au pied d'une jolie maison proche de la route, et nouvellement blanchie à la chaux, ainsi qu'il est d'usage en Allemagne. Ici commençait le bourg voisin.

Malgré ses fenêtres étroites et son humble apparence, l'aisance respirait autour de cette demeure. Un vieux hêtre en ombrageait le seuil et couvrait en même temps de son feuillage le banc de pierre hospitalier que les habitants de ces campagnes ont coutume de placer devant les maisons. Un vieillard, le maître du lieu, sans doute, y était assis auprès du vieux curé du village, digne et bon pasteur qui achevait sa tournée du jour, et venait se délasser, par d'innocentes causeries, des fatigues du devoir scrupuleusement rempli ; car les vieillards aiment à deviser entre eux et à retourner vers le passé. Tous deux penchés sur leur canne noueuse, leur visage souriant à demi-caché par les touffes de leurs cheveux blanchis avec sagesse et dignité, ils offraient une consolante image de cette paix bienheureuse promise à la vertu, même au sein de ce monde troublé. Il n'y a qu'une âme misérable ou vulgaire, celui qui peut contempler une sainte vieillesse sans que les pensées de l'éternité descendent dans son cœur ; sans qu'une pieuse émulation le fasse tressaillir ; sans qu'il sorte de ses lèvres une action de grâces ou une prière. — Soldat de la vie, toi aussi, tu marches sous le poids glorieux des trophées !

Sous ton front ridé, je découvre les cicatrices de ton cœur, peut-être encore saignant en quelque repli caché! Sous ta couronne de cheveux blancs, je vois la trace des épines! Hélas! combien de douleurs endormies reposent au fond de ce cœur fatigué! Le sourire d'un vieillard est comme la fleur qui orne les tombes; il cache de pénibles mystères. O jeunesse heureuse et folle, ne refuse pas ton hommage à celui qui a souffert. Et puisses-tu, comme lui, sourire après les larmes, et espérer encore, quand la vie fermera sa barrière devant toi!

Quelquefois, le bon vieillard levait un regard paternel sur une jeune fille qui filait au pied du hêtre. Elle tournait lentement son rouet, comme si la pensée eût mesuré le travail. C'était une enfant de seize ans, blonde et rose comme les filles de la douce Allemagne. Son front pur, où les grâces de l'enfance se jouaient encore à travers de précoces sollicitudes, ses traits suaves et délicats, entourés des lourdes tresses de ses cheveux, la faisaient ressembler à une miniature au milieu d'un cadre gothique. Le costume de ces campagnes l'embellissait encore. Un corset bleu, bordé de velours noir, laçait gracieusement sa taille. Un fichu de mousseline blanche couvrait modestement ses épaules arrondies, et revenait se croiser sur sa poitrine d'où sortait une petite croix d'or; et de sa ceinture s'échappaient les plis d'une longue jupe noire qui l'enveloppait tout entière.

Cependant, malgré la douce sérénité que l'innocence de son âme exhalait autour d'elle, et malgré cette timidité aimable, commune aux natures délicates, on devinait qu'un sentiment unique, vigilant comme le devoir, doux et fort comme les premières affections, attachait cette âme à la vie. Souvent, le rouet de la jeune fille s'arrêtait, et, à la dérobée, elle se penchait en prêtant une oreille attentive aux derniers bruits du jour. Les laboureurs, sur la route, regagnaient leur demeure pour s'asseoir à la table frugale. Quelques chariots descendaient de temps en temps du côté du bourg ; des femmes, des enfants répétaient le refrain d'une vieille ballade. Puis, tout se taisait ; et l'on n'entendait plus, par intervalles, que des murmures lointains et les bruissements des insectes cachés sous l'herbe des prairies. Mais tous ces bruits n'apportaient rien au cœur de la jeune fille ; et, tristement, elle reprenait le fil de lin que ses doigts avaient laissé tomber. Auprès d'elle tricotait la prévoyante nourrice. Attentive, elle suivait des yeux le mouvement du rouet, et elle soupirait lorsqu'elle le voyait s'arrêter.

— Je crois bien, dit en se levant avec effort le bon vieux curé, qu'il me faudra encore partir ce soir, sans donner le baiser de paix à Wilhem. Depuis trois mois, à peine l'ai-je pu entrevoir une fois. Il n'est plus qu'à la ville. Notre simple vie des champs lui pèse. Hélas ! c'est bien ainsi qu'est la présomptueuse jeunesse. Sitôt qu'elle peut voler de ses ailes, l'empire du monde lui appartient. Cependant, soyons indulgent et sobre de blâme ; car qui a jamais élevé des enfants sans rencontrer d'obstacle ni de contradiction ? Et puis, la sévérité a-t-elle jamais produit aucun bien ? Il me souvient avoir lu dans la vie de saint Bernard que ce grand saint n'avait employé de rudes paroles qu'une fois en sa vie, et qu'il n'eut lieu que de s'en repentir. Ceci est une bonne leçon. Celui qui ne profite pas de l'expérience des autres mérite de faire un dur apprentissage des choses de la vie.

— Il est vrai, répondit le bon père, dont le front s'était un peu obscurci. J'ai toujours cru qu'il y a une grande force dans la douceur. Depuis que le Seigneur a enlevé de mes côtés l'épouse fidèle qu'il m'avait donnée, et qu'il m'a laissé seul entre mes deux enfants, je n'ai jamais eu pour eux que le langage de la persuasion.

— Et ce n'est pas votre douce enfant qui vous le fera regretter, maître Bolhmann. Marthe. ne nous a donné qu'un chagrin : ce fut lorsqu'elle refusa la main de ce brave et digne jeune homme, qui se présenta l'an passé. Il avait les vertus qui donnent le bonheur. Et puis, il était le neveu du bourgmestre ! Le pauvre garçon, dans son dépit, est allé s'établir tout auprès de Saltzbourg ; et Dieu sait quelle femme lui sera tombée dans ce pays de salines. C'est pourtant une chose importante que de voir ses enfants établis. Et puis, une aimable postérité est la couronne de l'aïeul. Enfin, il n'est point temps de nous lamenter ; et sûrement, nous bénirons quelque jour le mariage de notre enfant chérie, avec un honnête homme de son choix.

La jeune fille leva, sans rougir, ses yeux d'un bleu limpide sur le digne pasteur, qu'elle était habituée à révérer comme son père.

— Il faudrait quitter Wilhem, dit-elle.

Dans ces simples paroles prononcées de cette voix harmonieuse que la nature a donnée aux femmes du Nord, il y avait les secrets de ce noble cœur. Toute l'énergie d'un sentiment profond et dévoué se faisait sentir sous cette douceur patiente et réfléchie.

Le vieux curé répliqua :

— Il est vrai qu'il est écrit : « La femme quittera son père et sa mère pour suivre son époux. » Mais celui qui a mis le salaire à côté du travail, et les douceurs du sommeil à la suite des fatigues du jour, a aussi attaché de grandes joies aux plus douloureux sacrifices. Ecoutez sa voix, ma fille, dans la prière, et elle vous conseillera. Le cœur de l'homme est comme un luth ; muet de lui-même, il ne rend des sons que quand Dieu l'a touché. Mais on a mauvaise grâce à moraliser ceux qui valent mieux que nous ; et Marthe Bolhmann est la plus douce brebis de mon bercail. Voyez pourtant comme on met difficilement un frein à sa langue. Il se fait tard ; et il y a bien un quart d'heure que la vieille Marguerite attend pour me faire souper. A demain donc, mes amis ; et j'espère trouver ici Wilhem. Dame Dorothée, je prendrai en même temps le paquet de vieux linge que vous m'avez promis pour le pauvre Carl Reimberg qui s'est fait une plaie ce matin, en tombant.

Et le bon ecclésiastique, appuyé sur maître Bolhmann, se dirigea lentement vers la route, pour gagner le paisible presbytère.

Marthe s'était levée en silence, et elle était allée,

suivant la coutume de son enfance, baiser avec respect la main vénérée du pasteur, cette main paternelle qui avait tant de fois béni sa tête blonde. Elle suivit d'un sourire distrait les deux vieillards jusqu'à ce qu'ils eussent atteint le détour de la route. Alors ses yeux rêveurs se portèrent sur le paysage qui se déployait devant elle. Aux agitations du travail succédait le calme du soir. La nature se reposait ainsi que les hommes. La grappe de froment avait cessé de se balancer sur sa tige. Les fleurs fermaient leur corolle, et sous les saules, le ruisseau aussi semblait étouffer son murmure. Marthe se laissait aller à cette douce tristesse qui gagne le cœur au spectacle du jour qui s'achève et de la nature qui s'endort; image permanente de la brièveté de notre course. Elle cherchait tristement un point à l'horizon. Car elle attendait, la pauvre enfant. Mais rien n'apparaissait plus, que quelques oiseaux égarés qui regagnaient leur nid à tire-d'aile. Elle demeura ainsi immobile quelque temps. Puis elle perdit l'espérance; et revint s'asseoir découragée auprès de dame Dorothée qui tricotait toujours.

— Il ne vient pas, nourrice, dit-elle. Qui peut le retenir si longtemps? Est-il donc sur la terre un lieu plus doux que le foyer où nous avons grandi ensemble, ô Wilhem, ô mon frère?

— Enfant, tu ne connais rien de la vie. La jeune fille est attachée à la maison; elle ne quitte le joug paternel que pour passer sous celui de l'époux. Mais l'esprit de l'homme est aventureux. De bonne heure il rêve à être libre, à parcourir des pays inconnus.

Est-ce un bien? Je ne sais; le devoir de la femme
est de souffrir et de se soumettre.

La jeune fille pensait toujours. Elle soupira et ne
répondit pas; et la bonne nourrice poursuivit le
cours de ses pensées.

— Il m'en souvient, Marthe, du jour où j'entrai
dans cette maison, jeune et fraîche villageoise que
j'étais. Ta pauvre mère épuisée, me montrant son
visage amaigri par la souffrance, mit dans mes bras
deux frêles créatures; c'était Wilhem et toi. Vous
étiez nés ensemble, et une seule vie semblait avoir
été partagée entre vous deux. On était au mois fleuri
que marque le signe des gémeaux, et, sous cette
heureuse constellation, vous entrâtes dans la vie en
vous tenant enlacés, comme tant de fois depuis lors
je vous ai vus; comme je vous voyais l'autre jour
encore.

— Hélas! à peine m'a-t-il embrassée aujourd'hui.

— Je vous nourris tous les deux, continua dame
Dorothée. Je vous aimai bientôt comme une mère
véritable; et ce fut un bonheur : car je devais un
jour remplacer la vôtre. Chère dame! c'était une
douce et gracieuse personne. Je ne sais de quel pays
elle venait. Mais son langage n'était pas le nôtre; et
il me souvient que nos mets allemands lui paraissaient fades et insipides. Elle avait ton visage frais
et doux, Martha, mais ses yeux étaient noirs comme
ceux de Wilhem, et on n'y pouvait lire non plus ce
qu'ils voulaient tenir caché. Ses jours étaient comptés par la douleur. Elle vous laissa orphelins. Alors,
votre père me dit : Aime-les avec moi. Et je vous
aimai, Martha.

Et la bonne Dorothée regarda son enfant adoptive à travérs des larmes, en lui tendant les bras. Martha se jeta à son cou, avec tout l'abandon de l'enfance, et elle y demeura quelques instants attachée jusqu'à ce que la préoccupation de son esprit la dégageant, à son insu, de cette étreinte naïve, ses bras arrondis autour de sa nourrice retombèrent sur elle-même, et elle pensa de nouveau.

Dame Dorothée reprit :

— Le Ciel m'a récompensée, Martha. Je vous ai vus croître et grandir sur mes genoux, comme le lierre aimable qui s'attache aux ormes de la vallée ; et le lien qui vous unit s'est fortifié chaque jour. Car Dieu veut que les orphelins s'aiment d'un amour plus tendre et plus fort que les frères que la prospérité environne ; et le malheur unit ceux qu'il frappe ensemble. Tu accomplis ainsi le vœu de ta mère, ô mon enfant. Elle avait deviné en toi cette force intérieure qui est la vertu, et qui produit les sentiments généreux. Toute petite enfant, on te voyait entourer de ta protection impuissante la faiblesse de ton frère. Tu t'étais faite son aînée ; et souvent, lorsque Wilhem courait quelque danger, tu trouvais dans ton cœur des forces que l'âge ne t'avait pas données encore. La tendresse te rendit vigilante au temps où l'enfant réclame la vigilance de ceux qui l'aiment. Je vous vois encore tous les deux, jouant sur la pelouse à l'ombre des grands arbres. Ton frère dépouillait pour toi la prairie de sa parure ; et toi, tu le recevais dans tes bras ouverts, tu caressais ses cheveux blonds ; tu mettais en ordre ce que la vivacité de sa course avait dérangé dans ses vêtements, Martha. Ainsi tu es devenue la mère de Wilhem.

Tous ces souvenirs rayonnèrent sur le front de la jeune fille, et un doux sourire embellit ses lèvres.

— Je le sais. Un nuage a passé depuis lors sur notre ciel. Quelque chose s'agite dans notre Wilhem. Pour lui, le monde ne se borne plus là où finit notre modeste foyer. Le désir de savoir, de connaître, peut-être des rêves ambitieux, le portent loin des lieux chers à son enfance. Toi qui n'as jamais laissé tes yeux s'égarer autour de notre demeure, tu ignores, mon enfant, cette sombre inquiétude qui dévore les âmes agitées. Puisses-tu, ma fille, l'ignorer toujours ! Oui ; notre Wilhem, je le crains, se détache de nous. Quelque chose l'emporte au dehors. Il ne vient plus, Martha, comme autrefois, s'asseoir à nos pieds, en chantant les ballades des montagnes. Il ne t'entraîne plus sous les saules, là-bas, en suivant le paisible ruisseau. Le baiser du soir est moins long, la veillée est plus silencieuse. Voilà, dis-le-moi, ma fille, ce qui cause ta tristesse, et les larmes que je vois dans tes yeux.

— Tu l'as dit, nourrice. C'est là le sujet de mon chagrin. Je le vois : le cœur de Wilhem n'est plus parmi nous. Dieu ne m'a pas donné d'autre objet que lui à aimer, et mon cœur est plein de sa pensée. Il me souvient avoir ouï dire dans mon enfance, et toi-même tu m'as assuré en avoir vu souvent des exemples, que ceux qui sont nés ensemble sentent la vie de la même manière ; que la douleur ou le plaisir leur sont communs, et qu'il ne se passe rien en l'un

que l'autre ne ressente également. — C'est ainsi que
j'éprouve les impressions qui agitent Wilhem ; s'il
souffre, le malaise s'empare de moi ; a-t-il quelque
chagrin, mon cœur se sent oppressé. Si la joie brille
sur son visage, moi aussi je suis heureuse et gaie.
Enfin, lorsqu'il me quitte, il me semble que quelque
chose se retire de moi. Non, Wilhem ne peut pas
éprouver tout cela, il ne ferait pas de si longues
absences.

En parlant ainsi, Marthe laissa tomber tristement
sa tête sur sa poitrine, et elle demeura dans cette
attitude quelques instants. Puis son front se releva,
et une joie soudaine éclaira son visage. Wilhem
venait d'apparaître du côté de la route qui conduisait
à la ville. Mais il n'était pas seul. Un jeune homme
de son âge, portant le costume d'un étudiant, l'accompagnait en lui donnant familièrement le bras.
Wilhem, les yeux pensifs, écoutait les propos joyeux
de son compagnon. Un sourire encore timide errait
quelquefois sur ses lèvres. L'étudiant, au contraire,
avait l'allure vive, le port dégagé, bien qu'élégant ;
et avec les longues boucles de ses cheveux bruns,
flottant au vent du soir, son rire strident et moqueur,
son profil fin, se dessinant sur les ombres du crépuscule, il ressemblait au génie du mal, entraînant dans
sa course rapide l'âme innocente qu'il rencontre sur
son chemin. Ils descendirent ainsi jusqu'à la maison
de maître Bolhmann. Là, le bon ange de Wilhem
l'attendait. Marthe était sur le seuil et lui tendait
les bras.

II

Il y a dans les cœurs purs, par le calcul de la Providence, un instinct mystérieux qui, à côté d'une grande répugnance à connaître, et d'une confiance pleine de dangers, les éclaire au milieu de l'obscurité où leur sainte ignorance se complaît. C'est quelquefois une inspiration rapide, une voix qui leur vient d'En-Haut ; une lueur subite qui illumine le chaos de l'avenir. Il leur découvre ce que leur simplicité s'obstine à ne pas voir et les écarte des piéges que recouvrent si souvent des fleurs.

Marthe obéit à cette inspiration en reculant involontairement à l'approche du brillant Hanz, le compagnon de son frère. Depuis longtemps quelque chose l'avertissait que cet étranger devait troubler l'onde pure de sa vie. Elle sentait s'élever contre elle cette influence rivale ; et la défiance parlait tout bas à son cœur.

Hanz et Wilhem offraient deux·caractères bien opposés. Wilhem était le naïf enfant des campagnes, avec la fraîcheur de ses illusions, avec la gaucherie de sa candeur. Hanz était le sceptique enfant de l'école, avec sa maturité précoce et son élégant désordre. Une soyeuse chevelure blonde, de frais contours où se dessinaient la grâce et la bonté, donnaient à Wilhem quelque chose de féminin. On lisait sur son front ouvert et intelligent une foi sincère dans l'avenir et une impatiente ardeur de savoir. Quelquefois un éclair d'orgueil le traversait, et alors Wilhem tressaillait légèrement; mais bientôt cet éclair rapide s'éteignait dans le sentiment de son ignorance. Cette curiosité, cette agitation inquiète se laissaient voir dans ses yeux empreints de l'étonnement qu'y apportait chaque révélation nouvelle de la vie. Hanz était tout autre. Son front étroit, mais hardi, cachait les ombres d'une expérience hâtive sous les riches boucles de sa chevelure noire. Le doute errait dans ses yeux, sur ses lèvres. Il était facile de voir que le plaisir avait défloré cette âme; mais que jamais elle ne s'était épanouie aux purs rayonnements du bonheur. Quoiqu'il n'eût que vingt ans, il y avait de la fatigue dans ses traits et dans tout son être. Car le vice abrége la jeunesse, autant que la simplicité et l'innocence du cœur la conservent et la prolongent. Cependant, malgré cette lassitude, Hanz appelait toujours à lui la coupe du plaisir, et toujours il n'y trouvait que la lie, ou le vide.

Hanz s'était arrêté devant la maison de maître Bolhmann. Il semblait que la présence de Marthe lui en interdisait l'entrée. Les êtres pervertis ont cette différence avec les êtres pervers, qu'au milieu de leurs déréglements ils gardent à la vertu un reste de respect. Apostats encore nouveaux, ils n'osent insulter à la divinité qu'ils ont servie. Depuis le jour, où, à une fête du bourg voisin, Hanz avait connu Wilhem et avait attaché à ses pas l'enfant naïf des vallées, cette influence de Marthe se faisait sentir au jeune étudiant, et rarement il avait osé franchir le seuil de cette demeure où la paix du ciel semblait habiter.

.Hanz se hâta donc de se soustraire au regard sévère de la jeune fille. Il glissa quelques mots à l'oreille de Wilhem, puis il s'éloigna.

Pendant ce temps, maître Bolhmann revenait à pas lents de sa promenade. En revoyant son fils, il voulut prendre un aspect sévère; mais cet effort vint trop tard. Déjà la joie et la tendresse avaient passé sur son visage. Car l'attente ne lasse pas les cœurs de ceux qui nous ont transmis la vie; et Dieu semble leur avoir donné ce privilége à l'image des perfections de sa nature infinie : qu'ils peuvent être prodigues sans s'appauvrir.

Ce mouvement avait été inaperçu de Wilhem ; une confusion involontaire pesait sur lui, et l'empêchait de lever les yeux. Rendu aux influences qui l'avaient jusqu'alors environné, il en sentait de nouveau tout le prix et toute la douceur, et il commençait à connaître le remords.

Marthe devina la souffrance de son frère ; sa poitrine se gonfla et des larmes brillèrent sur l'incarnat

de ses joues, comme des gouttes de rosée sur le
velouté des fleurs. Elle courut à l'enfant coupable ;
et cachant sa tête rougissante dans ses bras caressants, elle invoqua des yeux l'indulgence de son père, comme si elle eût voulu couvrir de son innocence la faute de son frère.

Alors, ayant essuyé furtivement ses larmes, pour les dérober à la vue de maître Bolhmann, elle entraîna doucement son frère sur le banc de pierre.

— Viens, lui dit-elle. Viens, mon frère. Les brouillards de la vallée ont mouillé tes cheveux et la course a couvert ton front de sueur. Ici, sous le hêtre, l'air est doux à respirer, et la fraîcheur du soir ne t'atteindra pas.

Et en parlant ainsi, elle essuyait le visage de son frère avec son mouchoir. Wilhem se sentait allégé de l'embarras qu'il éprouvait, par les prévoyances de cette tendresse pleine de dévouement et d'instinct. Il leva les yeux vers l'amie de son enfance.

— Ma sœur, ma douce Marthe, dit-il.

— Je pensais à toi, Wilhem, tout à l'heure. Mais ta pensée est-elle jamais loin de moi? Oui, je songeais à toi, mon frère, à la chaleur qui devait t'accabler, en voyant revenir nos laboureurs, avec de grosses gouttes de sueur qui tombaient sur leur visage.

— Ils portaient le fruit de la journée, Marthe, dit maître Bolhmann en regardant son fils. Le fardeau est léger à celui dont le cœur est content, et qui de loin cherche avec joie le toit obscur qui l'attend. Mon fils, la vie uniforme est douce au cœur droit et pacifique. Et qu'aimera-t-il celui qui n'aime pas son foyer? Quel séjour fixera le cœur insensible qui n'a point inscrit en quelque lieu les jours heureux ou sévères de sa vie?

Wilhem baissa la tête en silence, sous ce reproche indirect. Privé de sa mère dès sa première enfance, il s'était habitué à personnifier dans maître Bolhmann la grave autorité du père, et l'autorité maternelle plus douce et plus insinuante. Il lisait, pour la première fois depuis longtemps, sur ces traits vénérés, une douleur qui se trahissait malgré ses ménagements, et sa nature timide et douce, bien qu'ardente, en était fortement émue.

Marthe n'osait interrompre son père, ni essayer de changer le cours de ses idées. Accablée elle-même sous le poids des pensées que lui apportaient ces paroles et des pressentiments douloureux qu'elles faisaient passer dans son cœur, elle se taisait, et s'efforçait de distraire ses propres craintes. Elle approcha son rouet et se remit à filer, tandis que dame Dorothée, en qui les plus graves préoccupations n'arrêtaient pas les calculs de la vigilance, se mit en devoir de rentrer pour aller mettre le frugal souper sur la table de chêne, où brillaient déjà les assiettes et le plateau d'étain, ornements du buffet durant le jour.

La bonne nourrice cependant ne souffrait guère moins que maître Bolhmann du changement que montrait Wilhem. Mais elle cachait son inquiétude à ceux qu'elle aurait pu affliger. Ainsi le rôle de la femme est-il souvent, en ce monde, de tromper dans

les autres les douleurs qu'elle nourrit elle-même.
Devoir plein de délicatesses et de sacrifices. Car elle
meurt plus d'une fois des maux qu'ailleurs elle a su
guérir.

L'influence dangereuse, qui projetait son action
sur l'enfant bien-aimé dont elle avait guidé les premiers pas, n'échappait pas à l'instinct perspicace de
dame Dorothée. Et comme rien n'est plus près de
l'aversion que la défiance, c'était sur le jeune étudiant qu'elle reportait toute l'amertume de ses souffrances comprimées. C'est dans cette disposition
qu'elle ouvrit la porte de la petite salle basse où la
famille prenait ses repas.

— Hélas! hélas! se dit-elle à elle-même, Hanz est
le mauvais génie de Wilhem!

Accoutumée dès l'enfance à partager avec dame
Dorothée les soins intérieurs de la maison, Marthe
se leva, quoique bien à regret, pour suivre sa nourrice. Elle craignait de laisser son frère livré aux
tendres remontrances de maître Bolhmann; et elle
l'aurait voulu défendre même contre ses propres
soupçons. Elle entra en soupirant dans la maison,
derrière les pas de dame Dorothée; mais son cœur
restait entre son père et Wilhem.

— Mon fils, dit le bon vieillard, en prenant dans
les siennes une des mains de Wilhem, le soir descend sur nos collines; et cet air humide est malsain
à ton tempérament délicat. Ce n'est pas ici ni maintenant que je puis te confier ce qui préoccupe ma
tendresse. O Wilhem! la paix qui s'asseyait autrefois avec nous au foyer a fui notre toit. Des orages

cachés grondent sur notre demeure. Mais toi, mon enfant, toi, n'as-tu rien à me dire?

Wilhem était partagé entre l'émotion qui gagnait son cœur, et un sentiment pénible qui s'élevait en lui. Enfin, il céda à l'entraînement de sa nature généreuse et expansive. Il baisa, en pleurant, la main de son père; et posant sa tête blonde sur l'épaule du vieillard, il l'inonda de ses larmes.

— O mon père, répondit-il, pardonnez à votre enfant. Il est vrai, j'ai porté mes regards au-delà du modeste horizon qui nous borne; et j'ai entrevu un monde nouveau, un monde inconnu plein d'harmonies et de merveilles. O mon père! lorsque dans mon enfance je vous demandais s'il existait autre chose que nos champs et nos coteaux; s'il y avait des fleurs plus belles que celles dont j'ornais les cheveux de Marthe, d'autres plaisirs que nos promenades et les jeux de notre jeune âge, vous me disiez : Enfant, nul lieu n'est plus riant que celui où nous avons connu la lumière; et nulle amie n'est plus douce qu'une sœur. Mon père, hélas! me trompiez-vous?

— Je te disais vrai, Wilhem; non, le bonheur n'est pas ailleurs que là où le Ciel nous a fait naître, là où il a placé nos devoirs et nos destinées. Les souvenirs de notre enfance, nos premières larmes et nos premières joies, le sourire d'une mère ou d'une sœur, la fleur ou l'abrisseau que nos mains ont planté, toutes ces choses, comme des génies tutélaires, nous attachent au seuil de notre demeure. Malheureux est celui qui les abandonne, ô mon fils!

Oui, malheur, quand ces ombres familières de notre enfance s'envolent d'auprès de nous. Malheur lorsque ces deux pénates s'en vont !

Le repas du soir était servi. Maître Bolhmann et son fils suivirent Marthe et Dorothée dans la salle basse qui servait d'entrée. De l'orge cuite au lait, quelques fruits, un pot de bière, composaient le modeste souper. La tristesse prit place à la table frugale avec la famille silencieuse. C'en était fait : l'harmonie de ce gracieux poème était à jamais rompue.

III

On l'a dit : Le bonheur n'est pas de ce monde. De
même qu'il n'est pas de ciel dont quelquefois les tem-
pêtes n'aient terni l'azur, il n'est pas non plus d'existence sur laquelle n'aient passé des orages, ou du
moins quelques jours tristes et sans soleil. Hôte
importun, la douleur est de tous les séjours, de
toutes les fêtes, semant l'inquiétude près de nos
affections, jetant l'amer soupçon dans la coupe en-
chantée de nos plaisirs. Et qui oserait en murmurer? La vie est un voyage : tout l'atteste autour de
nous ; voyage pénible et long, où le pèlerin épuisé
s'arrête souvent pour reprendre haleine. Qui oserait
donc se plaindre à la Providence de ce qu'elle ne
nous a permis le repos qu'au terme de la course?

La méfiance et le souci avaient donc pénétré dans
la modeste demeure de maître Bolhmann, et s'étaient
glissés entre ces êtres si étroitement unis. Ces vies

simples et douces, confondues jusque-là, s'isolaient pour se recueillir chacune en soi-même ; celles-ci dans le secret de leur douleur, celle-là dans les combats intimes qui se la partageaient. Hélas ! c'est une triste chose quand il y a schisme dans l'unité familiale. Que de déchirements, que de douleurs dans cette dispersion lente des membres du foyer !

Les jours se passaient pour Marthe silencieux et solitaires. Seule au rouet, elle ne s'arrêtait que pour aider aux soins du ménage, pour aller au devant de son vieux père, ou pour prêter l'oreille aux bruits d'alentour, pendant les longues absences de Wilhem. Comme tous ceux qui souffrent et qui attendent, elle demandait aux choses extérieures des présages ou des consolations. Un rayon de soleil, un nuage, le cri d'un oiseau de proie qui passait sur la vallée pour rétrouver ses montagnes, ou les harmonies qui descendaient jusqu'à elle des collines, la remplissaient d'espérance ou de tristesse, la rassuraient ou la faisaient pâlir tour à tour. Des terreurs inconnues se révélaient à son cœur. Parfois elle se détournait vivement, comme si elle eût cru sentir une main imaginaire s'appesantir sur elle ; d'autres fois, elle cherchait autour d'elle un sourire, une parole amie, et elle ne trouvait que le silence ou l'austère visage de sa nourrice, qui partout suivait fidèlement ses pas. Dame Dorothée, malgré sa sollicitude pour l'enfant de son amour, était peu faite à dissimuler sa pensée. Soucieuse elle-même, elle se taisait pour ne pas mentir à ses propres craintes en calmant celles de sa fille adoptive, ou pour ne pas accroître

ses inquiétudes en lui communiquant les siennes.
Un fond de franchise, naturel au caractère des Allemands, et masqué chez nous par les délicatesses de nos formes, donne à leur sensibilité un cours tout différent qu'à nous. Il n'y a qu'en France où l'on sache sourire en pleurant.

O combien ces heures silencieuses étaient longues pour la triste Marthe! comme ils s'écoulaient vides et lourds ces jours naguère si remplis et si joyeux! Autrefois Wilhem était là; il partageait avec elle les soins du jardin, qui étendait au loin derrière la maison ses riches espaliers et l'ombrage de ses poiriers touffus. Il descendait avec elle à la fontaine, au bord de la route, et ils remontaient tous les deux en se disputant le fardeau. Puis il s'asseyait auprès d'elle, ou il l'entraînait dans les bois et dans les prairies pour suivre l'hirondelle ou le papillon. Avec quelle tendresse il lui donnait le baiser du matin! comme ils confondaient leurs joies, leurs devoirs et les légers chagrins de leur âge, comme leur prière unie s'élevait en même temps vers le Ciel, pareille aux saints accords de l'orgue sacré! Mais à présent Wilhem avait voulu connaître la vie; il voulait savoir; des sphères ignorées l'appelaient. Lui fallait-il s'élever pour y atteindre ou s'abaisser pour descendre jusqu'à elles? Marthe ne savait. Leurs pensées jusqu'alors avaient été communes; maintenant Wilhem pensait seul. Que se passait-il dans son cœur? quels soucis égaraient ses pas loin d'elle? était-il menacé de quelque chagrin qu'elle ne pût partager? Pauvre Marthe! le soupçon ne lui venait même pas que des affections étrangères à leurs liens pussent occuper le cœur de son frère.

Hanz ne quittait plus Wilhem. Rarement il le laissait libre quelques heures, et le bon curé du bourg était venu maintes fois sans retrouver son jeune élève. Maître Bolhmann, chaque jour plus soucieux, faisait, avec le bon ecclésiastique, des promenades plus longues et plus fréquentes ; mais tout cela ne ramenait pas Wilhem. L'influence du jeune étudiant l'emportait dans ce cœur d'enfant qui se transformait, et qui, dans le vague où il tâtonnait, croyait s'être trouvé un appui. Que cette confiance hasardée a égaré d'âmes droites et honnêtes !

Quand Wilhem était à la maison, Marthe ne goûtait plus la joie de sa présence. Il ne fuyait pas sa sœur ; il ne la cherchait pas. S'il la rencontrait sous les néfliers, au pied des collines, ou sous le berceau du jardin où il s'asseyait pensif, il ne se détournait pas ; mais il levait ses yeux tristes et doux vers elle sans contrainte, sans confusion. Un jour que Wilhem se promenait silencieusement auprès des saules qui ombrageaient la source, Marthe s'y dirigea par hasard. C'était un matin. Le ciel était pur, la nature heureuse, les oiseaux gazouillaient dans l'herbe et sur les branches, comme pendant les douces journées de leur enfance. Elle aperçut son frère. Il suivait d'un regard plein de regret le cours lent et régulier du ruisseau qui serpentait dans la prairie, et dont jamais le flot limpide n'avait interrompu ni accéléré sa cadence harmonieuse. Tous les pieux souvenirs de son jeune âge passèrent devant Marthe, et ses yeux se remplirent de larmes. Wilhem était près d'elle; il la contempla aussi un instant en silence. Alors, pour la première fois depuis long-temps, leurs âmes se rejoignirent, leurs regards voilés de pleurs se fondirent ensemble. Du même élan leurs bras s'entrelacèrent, et Marthe, laissant tomber sa tête dans la poitrine de Wilhem, versa dans son cœur la souffrance qui débordait du sien.

Le frère et la sœur s'étaient retrouvés comme après une pénible absence. Leurs premières confidences furent toutes dans cette étreinte muette et douloureuse. Les maternelles inquiétudes de Marthe, ses plaintes, ses regrets, s'étaient trahis dans ce naïf abandon, et le mouvement de Wilhem semblait lui faire demander grâce pour les maux qu'il causait à sa sœur chérie. Marthe releva enfin sa tête gracieuse, toute baignée de ses pleurs. Un rayon d'espérance était descendu sur son front, ses beaux jours semblaient renaître de leur souvenir. Elle entraîna Wilhem sur les bords du ruisseau.

— O mon frère! lui dit-elle, te souvient-il de nos jeux? te souvient-il quand nous courions ensemble parmi les roseaux, et que le vent enflait sur cette eau la jupe de ma robe de fête? Que nous étions heureux, Wilhem! avec quelle joie tu m'apportais les papillons aux ailes d'or que tu poursuivais là-bas! Rien n'est changé. Ce doux ruisseau murmure encore à nos oreilles; les papillons déploient toujours leurs ailes brillantes. Viens, mon frère, jouons encore!

— Marthe, ma bien-aimée Marthe!

— Wilhem, voici ces deux arbres que notre père
planta le jour où nous échangeâmes notre premier
baiser; ils ont grandi avec nous. Vois comme ils
sont forts et comme ils se ressemblent tous deux.
C'est ainsi que sont unis ceux qui sont frères. Der-
nièrement celui-ci semblait dépérir; c'est le mien,
mon frère. Mais rassure-toi; j'ai appelé le bon Carl
Reimberg : il a retaillé ses branches, et il a rendu
à son feuillage sa première fraîcheur. Wilhem,
veux-tu descendre dans la vallée? Nous courrons
ensemble comme autrefois; puis nous nous repo-
serons sous ces chênes que tu aimes tant. Viens.

Wilhem aurait voulu suivre sa sœur. Un instant
il se laissa presque entraîner par la douce pression
de son bras. Cependant de douloureuses pensées
semblaient attacher ses pas au sol. Il s'arrêta, et,
regardant tristement autour de lui :

— Je ne puis, Marthe, dit-il, en s'appuyant sur
le tronc d'un vieux saule. Oh! que tu es heureuse,
ma sœur !

— Je l'étais, Wilhem, dit la jeune fille dont les
yeux se mouillèrent de nouveaux pleurs. Rien ne
manquait à mon bonheur tant que je n'ai pas douté
du tien.

Et elle se laissa tomber avec découragement sur
un petit tertre au pied de l'arbre où Wilhem était
appuyé. Son frère ému se baissa vers elle, et, prenant dans ses bras sa tête blonde, il lui dit en la
couvrant de baisers :

— Pardonne, ma sœur, les larmes que je te fais
verser. Dieu, qui connait le secret des cœurs, sait

que tes souffrances sont mes plus grandes douleurs.
O douce amie de mon enfance! tu m'es plus chère
que moi-même; et cependant des voix étrangères
m'appellent, et mon âme leur répond. Marthe, tu
aimes notre vieux père? Pourras-tu vivre auprès
de lui sans moi?

— Vivre sans toi, nous séparer, Wilhem! dit la
jeune fille en retenant avec force le bras qui la soutenait. Non, non. La Providence ne nous a pas fait
naître dans le même berceau pour nous jeter en ce
monde sur des voies différentes. Notre destinée,
Wilhem, est de vivre et de mourir ensemble. O mon
frère! ces voix qui t'appellent ne sont pas du Ciel,
Elles égarent l'imprudent qui prête l'oreille à leurs
enchantements. Crois-moi, reste au foyer. Là seulement est la paix; là seulement est le bonheur.

— O Marthe! Hanz me dit aussi : Viens! la vie
est si belle! elle a tant de secrets que tu ignores!
elle est si pleine de jours, si riche de plaisirs! Tu
n'as pas encore vécu; viens, Wilhem, nous vivrons!

— Mon frère, oublie ces promesses mensongères.
L'anémone de nos prairies ne saurait vivre dans la
profondeur du bois; mais la fleur timide de nos soli-
tudes craint l'éclat du jour et le luxe des jardins.
Chacun a sur la terre des destinées différentes et des
devoirs tout tracés. Ami, souviens-toi des paroles de
paix dont notre saint pasteur a nourri notre enfance.
Ecoute l'âme de notre mère! O Wilhem, le bonheur
est d'ignorer le mal et d'aimer le bien!

Ces douces paroles répandaient le calme dans
l'âme troublée de Wilhem. Peu à peu son front

s'éclaircissait. Marthe, attentive, épiait sur ses lèvres un sourire, dans ses yeux un regard consolant.

— O mon Wilhem ! continua-t-elle en l'entourant
de ses bras caressants, qui t'aimerait comme je
t'aime ? Quel ami dévoué vivrait, comme moi, de ta
vie ? Non, non, ne tente pas des horizons inconnus !
Reste, reste avec nous ! Va, les liens les plus sûrs
sont ceux que la nature a formés !

Wilhem écoutait toujours ; doucement penché vers
sa sœur, il la regardait avec tendresse, et son cœur
s'ouvrait à sa voix. En ce moment deux ombres passèrent au pied de la colline, et une voix de femme
chanta le refrain d'une folle romance. Cette voix
argentine vibra dans la prairie comme un joyeux
signal. Marthe leva la tête ; son frère avait tressailli
et s'était dégagé de ses bras. Une voix d'homme,
celle de Hanz, se joignit bientôt à la voix qui chantait. Wilhem se détourna ; puis déposant un baiser
sur le front de Marthe, il s'éloigna rapidement sans
permettre à sa sœur de le retenir.

Un abattement douloureux saisit la jeune fille et
la rendit muette. Elle voulait appeler Wilhem, et
son nom s'éteignait dans sa bouche. D'ailleurs son
frère était déjà loin d'elle, et sa voix ne pouvait plur
arriver jusqu'à lui. Marthe se leva lentement. Ses
joues étaient rougies par la trace à peine séchée de
ses larmes ; ses paupières étaient lourdes comme
après un sommeil pénible ; il lui semblait qu'un
songe avait passé sur son front. Elle n'avait fait
que quelques pas, lorsqu'elle vit venir à elle maître
Bolhmann qui la cherchait. Marthe craignait qu'il

n'eût rencontré Hanz et Wilhem. Mais son père ne les avait point vus. Alors la jeune fille, cachant de son mieux son chagrin à la sollicitude de maître Bolhmann, lui prêta l'appui de son bras pour l'aider à regagner la maison.

IV

Les jours qui se succédaient n'amenaient pas plus de gaîté dans cette famille affligée, et cet aimable intérieur, qui jusqu'alors avait ressemblé à une charmante idylle, n'offrait plus qu'un morne tableau. L'harmonie de la famille est comme l'accord musical, où il ne faut qu'un son troublé pour détruire toute la mélodie. A chaque instant, Marthe acquérait davantage la douloureuse certitude que son frère se détachait de ses premiers liens. L'instinct de son cœur suppléait à son ignorance des choses de la vie ; elle était semblable aux oiseaux des montagnes qui pressentent la tempête sans en connaître les causes. Effarés et tremblants, ils cherchent en vain un coin du ciel sous lequel ils puissent reposer leurs ailes frémissantes et alourdies ; l'orage a tout troublé, et il ne leur reste plus qu'à lutter et à souffrir. Telle était Marthe. Elle devinait que sa vie, à peine commencée, allait être soumise à une grande épreuve ; elle sentait autour d'elle cette atmosphère glacée qui, au moment des grandes crises de la vie, nous donne froid et nous annonce les approches de la douleur.

Elle devinait juste, le malheur s'abattait petit à petit sur cette demeure que l'obscurité et le silence ne dérobaient pas aux vicissitudes humaines.

Wilhem n'était pas moins triste qu'à l'ordinaire, mais il était plus affectueux. Quelquefois, pendant les courts instants où ils se trouvaient réunis, elle surprenait les yeux de son frère fixés sur elle dans une contemplation pleine de compassion et de tendresse. Ce regard ressemblait à un long adieu ; il faisait frissonner la pauvre Marthe, et elle le fuyait, malgré son cœur qui la conduisait si naturellement là où était Wilhem.

Il y avait longtemps que la joie des anciens jours s'était retirée du milieu d'eux, lorsqu'un matin Wilhem se leva et alla trouver son père. Maître Bolhmann se promenait seul avec ses soucieuses pensées, sous une riche treille qui traversait le jardin. Autrefois, il ne parcourait jamais ce coin de terre que son père lui avait laissé, et qu'il avait agrandi du fruit du travail et de l'économie, sans sourire avec orgueil à cette riche végétation, sans saluer du regard ces arbres qu'il avait plantés de ses mains, et qui fléchissaient sous le poids de leurs fruits. Il passait maintenant avec indifférence là où il s'arrêtait naguère fier et content. Une seule réflexion lui venait. « Hélas ! se disait-il, que manque-t-il à mon Wilhem pour être heureux? Mes labeurs et mes calculs soigneux lui ont assuré le pain de l'avenir. Cette maison, que mon père tenait de mon oncle le bourgmestre, lui suffirait plus tard pour lui et pour la femme qu'il choisirait. La Providence, il est vrai, n'a point semé autour de nous la richesse et l'abondance; mais elle y a mis le nécessaire. Telle est bien l'imprévoyante jeunesse. Elle dédaigne les biens qu'elle a pour de creuses chimères; et jamais il ne lui vient à l'esprit de remercier Dieu de ses dons. Que dis-je! n'ai-je point vu de ces jeunes fous dépenser dans les plaisirs leur brillant héritage, et laisser vendre froidement aux enchères les écrins de leurs mères et les domaines de leurs aïeux? Ainsi l'homme passe sa vie à regretter ce qu'il n'a pas et à dissiper ce qu'il a. Il lui sied bien, après cela, de se plaindre de la bonté divine! »

Tandis que maître Bolhmann raisonnait ainsi en lui-même, son fils venait à lui d'un pas lent et mélancolique. Quand ils se furent rejoints, ils se reposèrent tous deux sous un berceau de chèvrefeuille; et, poursuivant la pensée qui l'occupait, comme il est ordinaire aux vieillards, maître Bolhmann, sans laisser à son fils le temps de parler, acheva tout haut ses réflexions :

— Mon fils, dit-il, je suis fier en songeant que ces richesses sont à toi, et je ne regrette pas des sueurs que le Ciel a bénies plus que mes humbles vertus ne le méritaient. Mon enfant, les pères et les mères jouissent peu du fruit dont Dieu couronne leurs labeurs. Toute leur récompense est dans la pensée que leurs fils récolteront un jour derrière eux ; et, sois-en sûr, cette part est, à leurs yeux, la plus belle. Oui, mon Wilhem, c'est pour toi que mûrissent les grappes serrées qui dorent cette treille ; c'est pour toi que ces poires jaunissent là-bas sur leurs branches ; et plus tard les enfants de mon fils tresseront dans leurs cheveux blonds des guirlandes de ces fleurs que j'ai moi-même plantées. Mais, hélas ! d'où vient, Wilhem, que ces douces pensées n'égaient pas ton front ? Le souci ternit ton sourire ; ta tristesse nous a tous gagnés, et nous avons perdu le bonheur. Mon enfant, cela n'est-il pas vrai ?

— O mon père, je le sais, j'afflige votre vieillesse. Mais, croyez-le, votre fils n'est point ingrat, et votre amour lui sera toujours plus cher encore que vos bienfaits. Mon père, je suis venu ici pour vous parler sincèrement et sans détours. Oui, l'existence que vous m'avez faite est douce et belle, et les affections qui m'entourent sont chères à mon cœur ; cependant ces biens ne suffisent plus à l'activité de mon être. J'ai entrevu la vie dans ses vastes horizons. Un coin du voile qui me la cachait s'est soulevé à mes yeux. O mon père ! nous ne savons rien du monde dans notre étroit foyer. Qu'il y a de bruit autour de notre silence ! Que de choses connues aux moindres des hommes, et que nous ignorons ! La vie, mon père, c'est la science de notre être, c'est le développement des sensations. Bien des fois, jusqu'à ce jour, j'ai senti au dedans de moi, mon âme me reprocher l'inertie de notre existence uniforme. Bien des fois, je l'ai sentie me transporter, malgré moi, hors des

voies bornées où le Ciel m'a fait naître. Mon amour
pour vous, pour Marthe, m'a attaché à ce lieu. Et
cependant, tout me dit de vivre, de connaître; tout
me pousse au dehors. Mon père, il y a une place
pour moi dans ces sentiers brillants; il me semble
que mon nom retentit dans les fêtes de la ville. J'entends dans mes rêves de douces voix qui m'appellent.
J'y vois des mains amies qui se tendent vers moi. O
laissez-moi vivre aussi! Laissez-moi quelque temps
m'arracher à votre tendresse pour prendre ma part
de ce banquet joyeux. Et que savons-nous? Des
songes de gloire ont aussi souri à mon sommeil.
Mon père, l'avenir m'attend; laissez la vie s'ouvrir
devant votre enfant!

Tandis qu'il parlait ainsi, Wilhem s'était animé;
ses regards brillaient et semblaient poursuivre un
mirage lointain. Il y avait sur son visage et dans
sa parole une ardeur fiévreuse pareille à celle du
soldat dont le courage s'excite à l'idée du combat.
En finissant, il se jeta dans les bras de son père
avec un abandon plein de grâce et de candeur.
Maître Bolhmann pleurait en silence, et Wilhem
sentit tomber ses larmes sur son front et parmi les
boucles de ses cheveux. Un moment ils restèrent
ainsi embrassés; le père pleurant toujours, le fils
partageant son cœur entre les premières douleurs
de la vie et ses premières espérances. Maître Bolhmann contemplait son fils avec une douceur pleine
de mansuétude et une expression de pitié exempte
d'amertume; une affliction profonde remplissait son
âme et creusait sur sa vénérable figure les pre-

mières rides de la vieillesse. Car c'est la douleur
qui fait les vieillards, et souvent de longues années
laissent moins de traces que quelques instants
d'épreuve. Toutes les phases amères de cette vie
aventureuse qui séduisait l'inexpérience de Wilhem
passaient devant ses yeux. Il souffrait de toutes les
souffrances, de toutes les déceptions qui attendaient
son enfant aimé.

Quand cette vision douloureuse se· fut achevée
dans son esprit, maître Bolhmann, sans essuyer les
pleurs qui coulaient encore sur ses joues, releva
Wilhem par un effort pénible ; et, lui montrant la
petite maison blanche au·bout du jardin, il l'entraîna
avec lui :

— Suis-moi, dit-il.

Ils marchèrent tous deux silencieusement jusqu'à
un petit parterre émaillé de fleurs, d'où partaient
de larges plates-bandes, dessinées en croix régulière
sur le sable. Un treillage de bois peint en vert
s'ouvrait en cet endroit et séparait du jardin une
cour carrée, où quelques poulets becquetaient le
grain que leur jetait gravement dame Dorothée. La
maison blanche donnait de ce côté sur la cour et
sur le jardin, et on y entrait par une petite porte
basse ; elle n'avait qu'un seul étage, et l'une de ses
fenêtres, montrant gaiement ses contrevents verts,
était ornée de quelques plantes grimpantes. Cette
fenêtre était celle de la chambre de Marthe. Il y en
avait une autre à côté qui ne s'était pas ouverte
depuis de longues années, et le jour n'y pénétrait
qu'à demi. C'est là que maître Bolhmann conduisit
Wilhem.

Le père et le fils montèrent ensemble un escalier de bois qui aboutissait à un corridor entièrement peint de blanc, comme l'extérieur de la maison. Trois portes donnaient sur cette petite galerie. Le maître de la maison ouvrit l'une d'elles, et tous deux entrèrent.

— C'est la chambre de ta mère, mon fils. C'est là qu'elle t'a béni pour la dernière fois. Avant de t'éloigner, écoute sa mémoire ; et puissent ces froides murailles renvoyer à ton cœur le dernier écho de sa voix mourante !

Les larmes s'étaient séchées sous la paupière brûlante du vieillard. La solennité du souvenir et une douleur muette donnaient à sa parole quelque chose de plus austère et de plus imposant que de coutume. Appuyé sur le bras de son fils, il fit quelques pas dans la chambre. Il y avait au pied du lit, tout près de la fenêtre, un bénitier de pierre. L'eau sainte s'y était tarie depuis longtemps. Arrivé là, Wilhem tomba instinctivement à genoux, et il éleva en haut ses mains jointes avec une sainte émotion. Quand il eut prié, maître Bolhmann prit dans ses mains les mains de son fils.

— Mon enfant, lui dit-il, j'ai demandé à Dieu que l'âme de ta mère descendît vers toi. As-tu prêté l'oreille à cette voix du ciel ?

L'enfant ne répondit pas. Son cœur était plein de larmes. Il les laissa inonder les mains de son père, et toujours à genoux, il porta à ses lèvres ces mains vénérées.

Maître Bolhmann poursuivit :

— Ce moment est solennel pour tous deux, Wilhem. Moi aussi, j'ai écouté la voix de celui qui relève toutes les autorités de ce monde. Cette voix m'a parlé, mon fils. Ce qu'elle m'a dit, c'est le secret de mon cœur. Mais je savais déjà que le devoir paternel commande parfois les plus amers sacrifices. Que les desseins de la Providence s'accomplissent donc! Wilhem, je te bénis!

Des sanglots soulevaient la poitrine de l'enfant. Il inclina sa tête blonde sous les mains étendues de maître Bolhmann, qui regardait le ciel.

— O mon fils! continua le vieillard, oui, je te bénis! Ton bras ferme et vigoureux était nécessaire à mes forces défaillantes; et mon cœur, épuisé par les luttes de la vie, se reposait avec confiance sur ton cœur jeune et aimant. Mais je ne murmure point que cet appui manque à ma vieillesse, car Dieu est le maître de ses dons. C'est pour toi cependant que j'amassais avec tant de joie ce peu de bien. Avant que le Seigneur m'eût envoyé un fils, je ne savais rien de la valeur des richesses. Pour embellir ta vie, j'ai usé la mienne dans les travaux. Wilhem, si de trompeuses ambitions t'enlèvent à notre amour et au calme de notre foyer, du moins reviens pour me fermer les yeux; ne laisse point mourir délaissé celui qui le premier t'a ouvert les bras. Mon fils, je t'attends à mon heure dernière!

Wilhem releva doucement la tête.

— Je le promets, dit-il, d'une voix coupée par les sanglots. Mon père ne mourra pas sans ma prière et sans mon baiser!

Un long et muet embrassement suivit ces paroles, et il n'y eut plus qu'un profond silence, que le bruit des larmes interrompait quelquefois.

Lorsqu'ils descendirent, Marthe, occupée des soins du ménage, traversait l'étroit vestibule. Son père détourna les yeux pour lui cacher les larmes, dont ils brillaient encore; puis, regardant Wilhem qui le suivait, il mit un doigt sur sa bouche, et s'éloigna lentement.

V

A la fin d'une journée péniblement remplie par ce travail machinal et silencieux auquel l'âme, absente ou préoccupée, demeure indifférente, Marthe était assise au seuil de la maison, et filait près du banc de pierre, comme nous l'avons trouvée dans la première page de ce récit. Des pensées trop sévères pour la légèreté de son âge, les épaisses vapeurs qui se détachaient au loin d'un ciel nébuleux et chargé d'orage, alourdissaient sa tête gracieuse dont le poids courbait, malgré elle, son cou flexible. Autour d'elle rien ne souriait, rien ne consolait ; car la fin d'un beau jour, semblable au repos qui suit le plaisir, amène dans l'âme des tristesses involontaires ; tant il est vrai que chaque joie de ce monde porte avec elle sa lassitude ! Les oiseaux des montagnes envoyaient à ses oreilles de sourdes mélodies ; le feuillage des saules, immobile sous la pesanteur de l'air, avait suspendu son doux frémissement. Des teintes d'un jaune obscur brunissaient l'horizon, et des bandes d'hirondelles, rasant les collines, semblaient emporter loin de ces lieux, sur leurs ailes, le dernier adieu du bonheur.

Marthe se sentait gagner par l'assoupissement que la nature semblait lui communiquer, lorsqu'une voix se fit entendre au loin dans les profondeurs des bois. Peu à peu, elle approcha et devint plus distincte. Alors, la jeune fille prêta l'oreille. Ce chant n'était point de ceux qui avaient bercé son enfance. Il était inconnu à ses montagnes. La voix disait :

> Sur nos bords enchantés le plaisir te convie
> A son banquet joyeux ;
> Ami, ne tarde pas ; car bien courte est la vie,
> Et trop haut sont les cieux.

> Ici, l'air n'est chargé que des pures haleines
> De la brise et des fleurs.
> Nos fronts sont toujours gais, nos coupes toujours pleines.
> Loin de nous les douleurs !

> Pendant que la fortune en souriant t'appelle,
> Amasse ses faveurs ;
> Ainsi que la beauté, cette aimable infidèle
> Fuit en brisant les cœurs.

> Laisse là sans regret cet humble toit de chaume
> Où languissent tes jours ;
> . . . .
> . . . .

L'accent de cette voix apportait au cœur de Marthe une impression qui lui semblait être le ressentiment d'une souffrance. Elle ne connaissait point ce chant; mais ce n'était pas la première fois que l'écho lui envoyait ce timbre mâle, quoique jeune et frais encore. Elle écouta avec plus d'attention et le son lui parut se diriger sensiblement du côté de la maison. La voix répéta avec plus de force :

> Sur nos bords enchantés le plaisir te convie
> A son banquet joyeux ;
> Ami, ne tarde pas ; car bien courte est la vie,
> Et trop haut sont les cieux.

Une tristesse indéfinissable saisit la jeune fille ; et, sans qu'elle sût pourquoi, ses yeux se remplirent de pleurs. Ce chant joyeux qui appelait au plaisir déchirait son cœur. Elle secoua doucement la tête, comme pour chasser les ombres qui passaient sur son front et dans son âme ; et elle regarda au loin. Rien n'animait plus la monotonie de l'horizon. L'humide crépuscule descendait lentement du ciel trouble, et enveloppait de vapeurs le paysage terni. La voix se tut : et Marthe effrayée du silence qui se faisait autour d'elle, se prit à chanter une vieille romance populaire que Wilhem aimait, et que souvent ils avaient redite ensemble dans les jours heureux de leur enfance. Quoique sa voix fût faible, elle semblait animée par une inspiration presque céleste.

Marthe chanta ainsi :

Dans les détours de la vallée,
L'oiseau jaloux
Avait caché sous la feuillée
Son nid si doux.

Là reposaient, dans le mystère,
Bien loin du jour,
Les petits et la tendre mère,
Sous son amour.

Pour égarer la vigilance
Du braconnier,
Souvent s'arrêtait la cadence
Dans son gosier.

Il ne savait rien de la terre
Que son bonheur,
Hymne qui montait solitaire
Vers le Seigneur.

Pourquoi les ombres viennent-elles
Aux jeunes fronts?
Hélas! pourquoi vint-il des ailes
Aux oisillons?

L'un d'eux, surtout, de ce bon père
Avait l'amour.
Mais de son nid le téméraire
Sortit un jour.

La brise parlait au feuillage;
Le jeune oiseau,
Pour écouter son doux langage,
Monta plus haut.

De là, son œil avide plonge
          Vers l'inconnu ;
Il lui semble sortir d'un songe,
          Pauvre ingénu !

A ses pieds, le ruisseau répète
          Le nom d'ami ;
La fleur, odorante coquette,
          S'ouvre à demi.

Mais des monts les brillantes cimes
          Frappent ses yeux ;
Peut-être ces hauteurs sublimes
          Mènent aux Cieux !

Il fuit, l'ingrat, et sur sa trace
          Sa mère en pleurs
En vain fait retentir l'espace
          De ses douleurs.

Comment finit son aventure ?
          Dieu sait, hélas !
L'oiseau partit ; mais, on l'assure,
          Ne revint pas.

En finissant, la voix de Marthe s'éteignit insensi--
blement. Le dernier son sortit de sa bouche inarti-
culé. Le soir tombait par degré, et le calme froid qui
pesait sur la nature ferma de nouveau ses paupières.
Sa main qui voulait reprendre le fuseau retomba
avec langueur sur ses genoux. Elle s'endormit.

Des rêves troublés agitèrent son esprit ; car la
fatigue peut amener le repos dans un corps souf-
frant ; mais l'âme, pour qui la vie n'est qu'un seul

long jour, l'âme n'a point de nuits. C'est la lampe du sanctuaire qui veille lorsque tout dort ; et de même, plus l'ombre est profonde autour d'elle, plus sa flamme est subtile. Ainsi l'âme inquiète de Marthe veillait plus pénétrante dans son corps affaissé et endolori. Quelquefois, une légère contraction plissait ses lèvres roses. Elle souriait et souffrait tour à tour dans son sommeil. Peut-être, elle rêvait à ses joies écoulées, ou peut-être l'avenir lui apparaissait-il plein de terreurs, et triste comme le ciel nébuleux.

 Pendant qu'elle dormait encore, un bruit léger de pas, assourdi par l'humidité du terrain, se fit entendre. Quelqu'un sortait de la maison. C'était Wilhem. Les derniers reflets du jour se jouaient dans ses cheveux blonds. Il tenait à la main un léger paquet et semblait prêt à partir pour un long voyage. En apercevant sa sœur, il s'arrêta devant elle pour la contempler une dernière fois et lui envoyer un muet adieu. Le sentiment de leur sainte affection se réveilla en lui tout entier. Au moment de quitter, peut-être pour toujours, l'amie qui jusque-là avait seule occupé sa vie, les regrets amers et les doux souvenirs se partagèrent le cœur de Wilhem. Le clocher du bourg voisin sonna lentement l'*Angelus*. Son tintement lointain, affaibli par la lourdeur de l'air et par l'épaisseur du feuillage, vint mourir à l'oreille de Wilhem. Depuis son enfance, c'était cette voix sacrée qui, chaque soir, faisait descendre la prière dans son âme. Wilhem voulut lui obéir encore ; au son de la cloche sainte, il tomba à genoux, et il murmura avec elle l'*Ave Maria*.

Cependant Marthe dormait toujours. Elle rêvait que Wilhem priait ainsi auprès d'elle, et une ombre de bonheur passait légèrement sur son doux visage. Mais bientôt sa physionomie changea. La crainte, la douleur, la surprise, se peignirent dans ses traits. Elle tendit les bras vers la place où était son frère, comme si, à travers son sommeil, elle eût senti sa présence.

— Wilhem! dit-elle, d'un accent tendre et suppliant.

Alors, le même chant, qui d'abord avait troublé Marthe, interrompit de nouveau le silence du soir; il était moins éloigné, mais plus sourd et plus timide.

A ce signal, Wilhem se releva; il s'approcha sans bruit de sa sœur; et déposant sur son font un baiser où toute son âme se fondit :

— O mon bon ange, dit-il tout bas, que ton amour soit toujours avec moi!

Et rapidement il s'éloigna du côté de la vallée.

En ce moment un cri douloureux déchira la poitrine de Marthe. Elle s'éveilla brusquement; et mettant la main sur son cœur, elle regarda autour d'elle avec effroi.

— Mon Dieu, dit-elle, que se passe-t-il? il me semble que la moitié de mon être me manque. Wilhem... Il était là tout à l'heure... je le voyais...

La jeune fille leva les yeux. Dans un coin du ciel que l'orage n'avait pas encore troublé, au sein de l'azur, rayonnait faiblement une constellation timide. Un nuage passa, et sa traînée obscure forma comme une ligne noire qui sépara tout à coup le groupe argenté. — Il n'y eut plus d'azur au ciel.

Une lumière terrible traversa l'esprit de la pauvre enfant ; elle se leva, et prompte comme l'élan, elle courut au bord de la route.

Il était trop tard ; déjà les brouillards qui tombaient des collines enveloppaient l'ombre fuyante de Wilhem, qui se dessinait à peine dans la nuit.

Marthe tomba en arrière, privée de sentiment.

VI

Il existe des maladies d'une nature plus grave que
les autres, qui, lorsqu'elles font grâce de la vie au
pauvre patient, altèrent si bien son organisme qu'on
a peine à reconnaître parfois, dans la convalescence,
les complexions jusque-là les plus robustes.' Il y a
de même des secousses morales auxquelles la vigueur
de l'âme ne résiste pas ; et il suffit d'une seule pour
changer le cours de la vie. On a vu de blondes che-
velures blanchir en quelques instants ; mais on voit
plus souvent une âme vieillir tout à coup dans un
corps jeune et plein de force.

Depuis le jour où maître Bolhmann avait relevé, en
pleurant, sa pauvre enfant, gisant sans mouvement
sur la route que venait de quitter Wilhem, depuis
ce jour où s'était dénoué le lien qui unissait ensemble
ces trois existences, Marthe n'avait conservé d'elle-
même qu'une enveloppe fragile et presque inanimée.

Elle vivait sans activité; elle agissait comme si la volonté ne dirigeait plus ses mouvements; elle regardait, sans que le feu de la pensée jaillît de son regard. Ce n'était pas que sa raison se fût éloignée; mais c'est que son cœur était absent.

Presque chaque jour, au lever du soleil ou à la tombée du crépuscule, Marthe soutenait les pas incertains de son père jusqu'au presbytère, et quelquefois jusque vers le bourg, où elle l'aidait à distraire sa douleur en soulageant d'autres douleurs, moins dignes sans doute que la sienne de compassion et de pitié. Le pauvre vieillard n'était plus lui-même qu'un triste débris d'autrefois. Des regards amis ou familiers pouvaient seuls le reconnaître. Une année à peine écoulée avait passé plus lourdement que dix autres sur sa tête, penchée péniblement vers la terre, comme aspirant déjà au repos de la tombe. La lassitude de la vie avait voûté avant le temps son corps amaigri. On voyait que Marthe seule arrêtait le souffle prêt à s'exhaler de ses lèvres pâlies. Car maître Bolhmann aimait sa fille; mais il n'était pas dans sa nature d'épancher, même dans le cœur le plus proche du sien, ses amertumes ni ses joies. Sa douleur était de celles qui s'isolent. Sur son fils surtout reposait l'espoir de sa vieillesse. Depuis qu'il lui manquait et que l'unité de la famille avait été rompue, il se trouvait seul à porter le poids de sa vie; il voulait épargner à la faiblesse de Marthe la moitié de ce lourd fardeau; il ne voyait pas que la pauvre enfant pliait déjà sous le sien.

Le silence de ces longues promenades était rare-

ment interrompu par autre chose que le bruissement
qui s'exhalait des boulaies, ou par le léger bruit de
la chute des feuilles dont le vent dépouillait les
chênes et les églantiers sur la route. Le nom de
Wilhem ne sortait presque jamais du cœur blessé de
maître Bolhmann, ni des lèvres discrètes de la jeune
fille. Marthe craignait, en le prononçant devant son
père, de raviver la plaie de ses afflictions. Et puis,
la douleur d'un père offensé a des susceptibilités si
délicates ! Ce n'était qu'auprès de sa nourrice que ce
nom sortait de sa bouche ; et c'était presque le seul
qu'elle prononçât.

Marthe ne sortait guère autrement de la maison,
où elle se laissait absorber par les soins de l'intérieur, que rendait plus multipliés et plus impérieux
l'affaiblissement des forces de son père. Une cécité
prochaine semblait menacer le vieillard ; et la pré-
vision de ce nouveau malheur n'apportait à Marthe
ni une déception ni un chagrin de plus ; pour elle, la
mesure était comblée. Suivant l'impulsion de sa foi
pure et naïve, elle s'inclinait sous la main de la Providence, qui *avait permis* que l'onde amère des larmes se mêlât au flot limpide de sa vie. Marthe savait
ce que beaucoup d'entre les hommes ignorent : que
l'épreuve n'est pas la même chose que le châtiment.
Le châtiment, c'est la colère de Dieu ; l'épreuve,
c'est l'appel de son amour. L'un, par l'expiation,
ferme sous nos pas les éternels abîmes ; l'autre, par
le labeur, abrège et aplanit devant nous la voie lente
et montueuse du ciel.

Ce n'était que par intervalles que la pauvre enfant

sentait se réveiller en elle l'impulsion de la vie. Si
par hasard elle passait sous les saules, au bord du
ruisseau où si souvent son frère et elle avaient joué
ensemble, elle croyait entendre, dans le chant plaintif de la brise, le dernier adieu de Wilhem,; et alors
elle s'oubliait longtemps à pleurer. Si la source
envoyait à son oreille le bruit de sa cadence argentine, elle pensait à ce jour où, pour la dernière fois,
son frère avait versé dans son cœur dévoué les
secrets de sa pensée ;. et, appuyée sur le tronc.d'un
arbre, les yeux secs et brûlants, elle voyait passer
sous son regard fixe des visions que l'avenir découvrait à son imagination.

Qu'était-il devenu ; où était-il, ce frère, cet unique
ami, auquel la nature avait attaché sa destinée par
des liens plus tendres, plus étroits encore que ceux
de la fraternité ordinaire ?

Dans les premiers temps de son absence, Wilhem
avait écrit à son père une suite assez régulière de
lettres où l'on sentait vibrer ses impressions frai-
ches, neuves, ardentes. Ces nouvelles avaient d'abord
apporté avec elles, dans la morne existence de la
famille désolée, comme un pâle éclair d'espérance.
Ce fut longtemps comme l'ombre de l'enfant fugitif
qui passait au milieu d'elle, et qui venait sourire à
la table silencieuse et frugale, où se dressait le repas
du soir. Mais, de loin en loin, les lettres étaient
devenues plus rares ou plus courtes. Dans les premières, un parfum de candeur et de simplicité révé-
lait encore Wilhem tout entier ; c'était le pur abandon, l'entière confiance d'une conscience qui n'a point

encore de secrets. Plus tard étaient venues les réticences, les demi-confidences et les agitations mal
dissimulées d'un cœur qui se sait déjà coupable.
Maître Bolhmann et Dame Dorothée sentaient plus
douloureusement que Marthe ce que ces nuances
avaient d'affligeant. Et la pauvre jeune fille, dont
l'instinct guidait seul l'inexpérience, ne voyait qu'une
chose en tout ceci, c'est que l'espérance de revoir
son frère devenait de plus en plus incertaine et
éloignée.

Voici quelques-unes des lettres de Wilhem :

« O mon père, ma sœur chérie! Comment faire
passer sous vos yeux fatigués de pleurs le tableau
des enivrements qui se partagent ma vie? Lorsque
je songe que vous payez tous les deux ma liberté de
votre bonheur, ma plume s'arrête, et mon souvenir
est tout honteux de se présenter devant vous. Oh!
prenez quelque chose de mon bonheur, puisque j'ai
emporté tout le vôtre. Entrez avec moi dans ce monde
de sensations nouvelles, dont chaque jour m'apporte
le torrent. Soyez témoins des impressions qui régé-
nèrent mon être. Mon père! je ne puis croire que ce
soit la même existence qui se continue en moi, cette
existence que vous m'avez donnée, et qui s'écoulait à
l'écart dans nos campagnes, égale et mesurée comme
le ruisseau de la prairie qui emporte dans son cours
l'ombre des saules. Je ne la sens, je ne la reconnais
qu'aux liens qui l'attachent à la vôtre, et qui toujours
m'attirent vers vous. Non, l'obscurité, l'oubli, le
silence, ne sont pas la vie. Ce qui est la vie, c'est
cette scène brillante qui se déroule sous mes yeux;

vaste arène où tous notre dignité nous appelle. O mes rêves ! voilà donc que vous vous réalisez ! Moi aussi, je serai un homme ! Comme les autres, j'aurai connu, j'aurai vu, j'aurai vécu ! Mon père, je n'aperçois point dans ce monde brillant les écueils que votre tendresse m'a fait prévoir ; je n'y vois que des fleurs, des pompes séduisantes, des visages souriants. Les amis que la Providence a placés sur mon passage m'ont raillé de mes frayeurs et de mes préventions dont vos leçons m'avaient prémuni. « Sans doute, me disent-ils, le fiel de l'adversité aura empoisonné les jours de ton bon père. Tout est trouble pour des yeux pleins de larmes. Ou peut-être son amour, ingénieux à te retenir, peuple de fantômes imaginaires un monde où il ne saurait te suivre. » Combien leur parole est douce et affectueuse ! Ils s'empressent autour de moi. Ils m'environnent de plaisirs, de promesses, d'espoir. Où sont donc le mensonge et la perfidie ? Il n'y a que des sympathies autour de moi.

« Je n'ai pas d'autre chagrin que votre absence, ô mon père vénéré ! Je n'ai pas d'autres tristesses que celles qui me viennent de toi, compagne bien-aimée de mon enfance. Quand je pense à votre abandon, soudain je me trouve isolé au milieu d'un groupe heureux et brillant. Alors, le sourire s'efface sur mes lèvres, et mes amis se moquent et me disent : « Wilhem, as-tu laissé tomber au bord du Rhin l'anneau de ta fiancée ? » — L'autre soir, pendant une fête, on ouvrit une fenêtre pour laisser entrer l'air pur et tiède du doux mois de mai dans la salle. Le ciel était semé d'étoiles. Il y en eut une qui, malgré moi,

retint mes yeux. Elle semblait plus grosse et plus
brillante que les autres, ou plutôt on pouvait croire
que c'était une de ces petites constellations que les
savants de nos universités appellent étoiles doubles
ou multiples. Je tombai dans une douce rêverie en la
regardant, et je me souvins, ô ma sœur, que notre
père nous racontait souvent dans notre enfance, que
nous étions venus en ce monde, sous le premier signe
du printemps, en nous tenant enlacés, comme ces frères de la Fable, dont ces astres rappellent l'histoire.
Tout-à-coup une petite étoile parut se détacher de la
grande, elle jeta une flamme scintillante et rapide,
et disparut dans l'espace. Je pâlis, un frisson parcou-
rut mon corps, et je demeurai quelque temps immobile et triste sans savoir pourquoi. Ce fut Hanz qui
me tira de mon accablement. Il me railla, et dit aux
autres : « Wilhem a aperçu dans le ciel l'ombre de
sa vieille nourrice qui passait en gémissant. Ne
voyez-vous pas comme ses reproches l'ont troublé ? »
— O mon père, combien vous connaissiez mal l'aimable Hanz, quand vous le jugiez avec tant de sévérité et de défiance ? Si vous le pouviez voir, attentif
à me plaire, m'entourant de ses conseils, m'entraînant partout où la fortune ou le plaisir nous sourient,
que vos soupçons vous paraîtraient injustes ! J'ai
quitté, grâce à lui, mes vêtements courts, et j'ai fait
couper les boucles de mes cheveux. Je dois le dire,
ma douce Marthe, en songeant à toi, j'ai regretté de
voir tomber, sous les ciseaux, ces mèches blondes
parmi lesquelles tes doigts aimaient à se jouer. Il
m'a semblé que tu les ramassais auprès de moi en
pleurant...

« Vraiment, mon père, Hanz est un habile homme
et un ingénieux ami. Il a fait de votre Wilhem, si
simple et si gauche, un des élégants les mieux façon-
nés du pays de Bade. Mais ce n'est encore là
que mon apprentissage... Hanz prétend que nous
essayions notre mérite sur une plus vaste scène. Il
m'entraine en France. Nous allons voir la grande
ville, mon père, la reine de notre civilisation. Ne
pleure pas, ma sœur bien-aimée. Quoique ce soit
bien loin et que mille délices y retiennent l'étranger,
on en revient pourtant, et plus aisément encore lorsque des êtres chéris nous appellent ailleurs. C'est là
surtout que mes cheveux longs eussent été ridicules !
Il y a, m'a-t-on dit, en France, une divinité païenne
à laquelle tout nouveau venu doit sacrifier quelque
chose : elle s'appelle la Mode. Hanz dit que c'est
une vieille idole qui a pour vertu de pouvoir tout
rajeunir. Nous saurons bientôt si le mot de Hanz
est juste. »

Après cette lettre, Wilhem avait gardé quelque
temps le silence. C'était un deuil nouveau pour la
famille affligée, car chaque lettre d'un absent qui
nous est cher est comme un pas qu'il fait vers nous.
Et cependant Wilhem s'éloignait de plus en plus.
Déjà les doux horizons de l'Allemagne s'étaient
depuis longtemps effacés à ses yeux. Hanz, pour
assurer son influence, l'entrainait toujours ; et lorsque l'enfant timide des vallées jetait un regard derrière lui, Hanz lui disait : Viens plus loin ! — Quand
les mauvais anges veulent égarer loin des droites
voies du devoir les cœurs ingénus, eux aussi, ils pren-

nent les formes du plaisir, et ils leur parlent un langage inconnu et plein d'attrait. Puis, peu à peu, ils font taire autour d'eux les chants du berceau, l'appel d'une mère, les souvenirs de l'enfance, et tous les bruits aimés de la maison paternelle. Ce n'est que lorsque l'espace a emporté toutes ces harmonies, que sûrs de leur proie, ils quittent leurs séductions. Alors seulement, le mal se montre dans toute son audace; alors les passions timides deviennent les vices effrontés.

Quand Wilhem fut arrivé dans la grande ville, il écrivit à son père les lettres qui suivent :

« Je tombe de merveille en merveille. Tout est nouveau pour moi. O mon père ! cette ville bruyante, joyeuse, pleine de magnificences et de prodiges, est-elle un de ces mondes brillants répandus dans l'espace, ou fait-elle vraiment partie de ce globe où gît, dans un coin, notre demeure triste et silencieuse ? Je ne le puis croire. Loin de moi la pensée d'oser tourner en blâme l'excès de l'amour paternel ! Mais que sert-il de vivre, mon père, si l'on est indifférent à tout ce qui s'agite autour de nous ? Il n'est pas de jeunesse pour celui à qui la vie n'a rien appris. La méfiance est-elle la même chose que la prudence, et la tendresse paternelle ne s'isole-t-elle pas trop souvent en elle-même ? Ce n'est pas à vous, mon père, que j'adresse ce reproche. Non ; j'ai reconnu que vous m'aimez plus pour moi que pour vous-même, puisque vous m'avez donné ma liberté en échange de votre bonheur. Et toi, ma sœur chérie, combien je te remercie aussi de ton sacrifice, quoique je le sache involontaire. Marthe, lorsque tes pleurs coulent, songe que je leur dois l'apprentissage que je fais de la vie ; songe qu'à ce prix j'ai conquis ma place aussi parmi les hommes. Penses-y, ma sœur, voilà que la société m'ouvre ses rangs. Moi aussi, je pourrai atteindre aux honneurs, aux plaisirs, à la fortune, peut-être ! La fortune ! oui, Marthe ; toi qui n'as jamais connu d'autres plaisirs que les timides délassements de nos campagnes, comment pourrais-tu comprendre le flux d'émotions que chaque heure de la vie apporte ici à nos pieds ? Chacun de tes jours est rempli par une mesure égale de devoirs qui reviennent toujours les mêmes. Dans ce monde enchanté, chaque minute qui s'écoule emporte une scène de notre existence, renouvelle dans nos veines le cours fiévreux de notre sang. O Marthe ! ce doux et pâle soleil qui luit sans cesse le même sur la verdure de nos prairies, qui t'apporte chaque matin le même jet de lumière, comme il éclaire différemment nos jours joyeux ! Comme il nous descend chargé de reflets divers ! Que d'alternatives, que de mouvements, que de sensations pour nous dans ces secondes qui s'écoulent une à une dans tes heures paisibles, ainsi que tombe goutte à goutte une eau mesurée qui filtre lentement !...

« J'ai vu ces salons brillants dont Hanz m'avait si souvent fait le tableau. Cet excellent ami a pris tant de soins à me former, que je suis maintenant assez présentable et que je commence à faire assez bonne figure. Les femmes françaises ne sont point du tout semblables à celles de notre pays. Ce n'est pas la même beauté ; ce n'est pas la même nature. Notre ciel rêveur descend sur le front de nos Allemandes. Tous les caprices d'un climat varié se nuancent dans les grâces charmantes des femmes de cette contrée. Quel tact inimitable! Quelle tournure! Que leurs vêtements sont riches et soyeux, leur taille élégante, leur démarche légère! Quand leur robe frôle nos vêtements, on croit sentir passer auprès de soi un de ces esprits transparents et insaisissables dont nos vieilles légendes peuplent les ruines de nos châteaux. Lorsqu'elles parlent, on croirait entendre une mélodie du printemps. Avec quel charme elles doivent aimer! Oh! qui me donnera de trouver parmi elles la compagne de ma vie ? »

« Hanz se divertit beaucoup de mes étonnements successifs. Mon admiration pour tant de prodiges, il la qualifie de naïveté. C'est un reste de ma première éducation, dit-il. Cela s'effacera à mesure que j'achèverai de me former. Il est vrai que pour lui, je ne le vois jamais s'étonner. Rien n'éblouit ses yeux, et c'est ce qu'il appelle être blasé. Il voudrait m'amener là. C'est, à son sens, le dernier mot de l'expérience, et l'on ne sait vivre que lorsqu'on est arrivé à cette sorte d'insensibilité. Cependant, je ne sais s'il est aussi heureux que moi de tout ce que nous voyons, de tout ce que nous entendons.

» Nous sommes ici environnés d'amis dont le nombre s'accroît chaque jour, et qui paraissent tout préoccupés de nous faire, comme ils disent, les honneurs de la cité. O combien leur mise est élégante, leur langage poli, quoique vif et animé! Que leurs manières sont gracieuses et attachantes ! Je rougis souvent auprès d'eux de ma mauvaise tournure et de mes façons gauches ; et malgré la bienveillance dont ils nous entourent, je crois voir quelquefois au coin de leurs lèvres une légère contraction qui ressemble à du dédain. Mais leur amitié est si cordiale et si empressée, elle m'accable de tant de témoignages, que je ne puis rejeter que sur ma propre défiance une conjecture que tout dément.

» Nous nous sommes donné tous rendez-vous dans une des réunions publiques les plus à la mode et les plus brillantes. Il n'est pas, dit-on, d'étranger, qui, dès son arrivée ici, ne s'empresse de s'y trouver, quand ce ne serait que pour faire, dit Hanz, des études de mœurs. Je ne sais pourquoi, cependant, il attache à cela une sorte de mystère ; car il a été bien convenu entre nous que je ne dois vous en rien dire. Mais mon père vénéré n'a-t-il pas à ma confiance des droits plus forts que ceux de la plus tendre amitié ? »

« Tous les succès tentent mon émulation ; toutes les chances me sourient. La fortune et le hasard, comme des amis serviables, ont surgi tout à coup sur ma route et se sont fait mes compagnons de voyage. Oui, mon père, l'amertume de votre morale, la rigueur de vos soupçons ne me troublent pas. Je conçois que votre cœur, aigri par des souffrances que la douleur de la séparation a ravivées, ne croie plus au bonheur en dehors de la douceur des premiers liens. J'ai reconnu le même langage dans la bouche de tous les vieillards, et je crois qu'il est le

résultat des déceptions et des fatigues d'une vie longue et éprouvée, car, je le sais, les jours sont inégaux pour beaucoup d'entre les hommes. Eh quoi!
ils veulent interdire à nos jeunes cœurs les rêves
d'une légitime ambition, la poursuite du bonheur,
et enfin le bien précieux de ce monde, l'espérance.
Non, non; ils ne sauraient renfermer dans leur
cercle étroit des âmes ardentes, de nobles intelli-
gences. De même que les cimes élevées sont faites
pour l'aigle audacieux, de même les luttes d'une vie
agitée tentent notre courage; et je m'étonne que mon
père ne soit pas fier de voir à son Wilhem de tels
sentiments. »

« Je ne croyais trouver que l'expérience, et j'ai
trouvé le bonheur! Ah! que l'on ne dise plus que les
liens de ce monde sont éphémères et trompeurs;
j'ai contracté des nœuds qui dureront toute la vie.
Qu'on ne regarde plus comme un bien illusoire la
parfaite sympathie. J'ai rencontré un cœur qui bat
à l'unisson du mien! Mon père, comment vous pein-
dre ma félicité? Mon Dieu, comment vous remercier
de vos dons? Bientôt, cher père, je vous présenterai
ma fiancée. »

On le voit, Wilhem s'était jeté corps et âme dans
cette voie aventureuse des plaisirs où tant d'écueils
attendent la témérité et l'inexpérience. Comment ce
cœur simple et sans détours pouvait-il deviner la
malignité dans un conseil, l'imposture sous des traits
amis? Comment le convaincre qu'au détour d'un
chemin si facile et si riant se cachait sous les fleurs

un abîme qui n'a d'issue que le repentir? Hélas!
tous les jours celui qui s'étonne de la folie du papillon qui va brûler ses ailes à la flamme, en ne cherchant que la lumière, celui-là même ne s'effraie pas
d'affronter les récifs de la vie, pourvu qu'il cueille
quelques fleurs sur ses rivages. Pauvre Wilhem! il
se croyait près du bonheur, et il l'avait laissé sous
ses ombrages, au sein du silence et de l'obscurité.

VII

Un jour, pendant cette sombre période de l'automne qui avoisine l'hiver, et qui fait pressentir les premiers frimas, dame Dorothée côtoyait tristement la route qui conduisait du presbytère à la demeure de maître Bolhmann. Le bon curé marchait auprès d'elle, lourdement appuyé sur son bâton noueux. C'est que, depuis le temps où il devisait le soir, paisiblement assis sur le banc de pierre, auprès de son digne ami, bien des saisons avaient passé sur sa tête, apportant à son front quelques rides, retirant à ses membres quelques forces. Chargé des misères et des langueurs dont l'humanité souffrante dépose à ses pieds le fardeau, le prêtre passe en ce monde, nouvel homme de douleurs, traînant avec nous la croix de nos maux, dont il ignorerait la plupart, si la charité n'en renvoyait le contre-coup à son cœur. Ainsi, le digne ecclésiastique avait pris sa part des peines de maître Bolhmann, comme il avait pris une part de sa paternité.

Un ciel nébuleux répandait ses ombres sur la vallée déjà presque nue. Une épaisse ceinture de brouillard cernait à l'horizon les collines encore vertes ; et quoiqu'on fût à l'heure de midi, le soleil n'avait pas encore percé les nuages. Les bruits joyeux de l'été n'animaient plus la campagne ; la route était déserte, les champs silencieux. Ainsi dépouillée de son prestige, la nature était sombre comme l'âme qui a perdu ses illusions.

Le bon curé frissonna un instant sous les vapeurs humides qui chargeaient l'air. Il croisa soigneusement sa soutane sur sa poitrine, et essaya de précipiter sa marche.

— Dame Dorothée, dit-il à sa compagne, si vous m'en croyez, nous presserons un peu le pas. Le brouillard est lourd et nos matinées sont fraîches. Nous avons à causer, je le sais bien, ajouta-t-il en branlant la tête. Il n'y a pas trop de vingt minutes de chemin qui nous restent encore, pour parler de nos affaires si tristes et si fâcheuses, hélas !

Un soupir long et plaintif, comme ceux qui accusent les douleurs véritables et sérieuses, s'exhala de la poitrine de dame Dorothée. Elle répondit :

— Je n'en murmure point, mon père. Cependant, je demande souvent à ma conscience en quoi nous avons mérité les épreuves qui nous accablent. Hélas ! qui reconnaîtrait maintenant la joyeuse demeure de maître Bolhmann, le petit-fils du bourgmestre ? il n'y a plus de fruits sur les arbres négligés, plus de fleurs sur les pelouses brûlées par le soleil. Les oiseaux ne chantent plus sous la treille, et les dernières hirondelles qui s'étaient abritées sous nos corniches, sont parties hier du côté du sud. Marthe a pleuré longtemps en les regardant s'éloigner, appuyée sur sa fenêtre. La chère enfant ne pouvait plus pleurer depuis bientôt six mois. J'espère que son pauvre cœur aura été soulagé par cet épanchement.

—Dame Dorothée, il ne faut pas chercher en nous-mêmes la cause des douleurs qui nous atteignent; ce n'est pas en ce monde, mais en l'autre, que la balance des mérites et des récompenses arrivera à l'équilibre. Et maintenant, comment va-t-on aujourd'hui chez maître Bolhmann? Qu'a dit le médecin, hier au soir? A-t-il perdu toute espérance de guérison? Et Marthe, est-elle moins pâle enfin que de coutume?

— Je n'ai sur tout cela rien de bon à vous annoncer. Notre pauvre Marthe est plus abattue que jamais; et ce matin, ses paupières rougies semblent faire ressortir encore plus sa pâleur. Quant aux yeux de maître Bolhmann, M. Kreützer m'a dit hier en confidence qu'ils sont dans un état désespéré. Il se trouvait heureusement que Marthe était allée au lavoir pendant qu'il me dit ceci à l'oreille; autrement, elle n'eût pas manqué de soupçonner quelque chose de fâcheux au fond de tout ce mystère.

— Vos nouvelles sont bien affligeantes, dame Dorothée. Et cependant, j'avais cru pouvoir espérer un heureux changement. Il ne nous reste qu'à demander à la Providence de proportionner notre courage à tant de maux. Hélas! la foi et la piété de mon digne ami ont résisté à des épreuves plus dangereuses. Puissent les forces de son âme ne pas défaillir encore!

Le bon vieillard se tut un instant.

— Et Wilhem? n'y a-t-il point de nouvelles encore? Que devient-il, mon Dieu, ce cher enfant dont vous aviez remis le salut entre mes mains? Comme la colombe égarée déchire aux buissons ses ailes blanches, ainsi, à chaque pas qu'il fait dans les voies corrompues de ce monde, il laisse un lambeau de la robe d'innocence qui parait sa jeunesse. O Seigneur! Quand ramènerez-vous au bercail cette chère brebis? Il y a si longtemps que nous pleurons et que nous prions!

Des larmes remplirent les yeux du prêtre et obscurcirent sa vue. Dame Dorothée soutint un instant son bras qui tâtonnait, et lui aida à assurer la canne qui soutenait son pas chancelant et timide.

Le vieillard reprit :

— Marthe demande-t-elle toujours des nouvelles de son frère?

— Il y a bien longtemps qu'elle n'a osé prononcer son nom devant M. Bolhmann. A la fête de saint Henri, il y eut un an que nous reçûmes les dernières lettres de Wilhem. Celles-là, M. Bolhmann ne les lut pas tout haut comme d'ordinaire, le soir au souper. Il les mit dans sa poche, avec une lenteur et une tristesse solennelles. Ma pauvre Marthe n'osa parler; mais elle pâlit, et son regard anxieux et fixe interrogea son père. Elle serait tombée dans mes bras,

si M. Bolhmann, songeant enfin à la rassurer, ne lui
eût dit : « Ne crains pas, Marthe ; il n'y a rien de
fâcheux pour la santé de ton frère. Ce n'est pas son
corps, ma fille, c'est son cœur qui est bien malade.
Viens prier pour lui ; » et M. Bolhmann se leva de
table en silence ; Marthe le suivit, craintive et affligée. Ce soir-là, on n'acheva pas le soupèr.

Dame Dorothée s'interrompit ici, et, essuyant du
revers de sa main ses yeux humides, elle poursuivit :

— Depuis ce temps, la pauvre petite n'ose plus
rappeler que devant moi seule le souvenir de Wilhem. Souvent elle m'interroge, et lorsqu'elle se tait,
son silence est si douloureux qu'il me brise le cœur.
Je lui parle alors de Wilhem, en lui déguisant de
mon mieux la vérité. Que faire autrement ? Comment
lui dire que son frère bien-aimé est perdu pour nous ?
qu'il a pour jamais oublié le toit paternel ; que cette
terre qui les reçut ensemble à leur naissance ne
portera pas les deux tombes réunies ?

— Pauvre chère enfant ! murmura le bon curé.

— Pouvais-je lui avouer que le doux nom de
Marthe, si cher à l'heureuse enfance de Wilhem, ne
vit peut-être plus maintenant que dans ses souvenirs
confus. Et ce qui n'est pas moins affligeant que tout
cela, fallait-il lui dire que Wilhem, ce cher enfant
prodigue, a déjà follement jeté dans le gouffre du
jeu et des plaisirs l'humble héritage de sa mère ?
Qu'enfin, peut-être, l'indigence frappera bientôt à la
porte de notre demeure, jusqu'à ce jour si commode
et si aisée ? Non, jamais je ne lui annoncerai tant de
malheurs. Moi, qui entourai de joie et de tendresse

les premières années de mon enfant adoptive, où trouverais-je le courage d'effeuiller les dernières espérances de sa jeunesse?

— Hélas! dame Dorothée, il viendra un jour où la lumière jaillira d'elle-même sur ces tristes réalités. Alors, ses yeux s'ouvriront; et qui peut dire si la secousse qui en résultera ne brisera pas tout à coup le lien fragile de la vie dans cette enveloppe si frêle? Mais taisons-nous; car nous voici arrivés, et j'aperçois justement Marthe qui rentre avec son père de la promenade du matin. Dame Dorothée, je ne sais, mais à la manière dont la chère petite guide mon pauvre ami, et, au tâtonnement de ce pas, il me semble que la maladie s'est bien aggravée depuis quelques jours.

La bonne nourrice ne répondit rien; ils s'arrêtèrent tous deux devant la maison. Maître Bolhmann et Marthe ne les précédaient guère que de quelques pas. Le père et la fille étaient venus du côté des saules et de la source, où maître Bolhmann se faisait conduire presque chaque jour. Il restait là de longues heures, silencieux et immobile malgré les soins et la présence de sa douce enfant, qui ne réussissait à l'entraîner que lorsque les brouillards enveloppaient la campagne, et menaçaient de leur fraîcheur dangereuse les yeux malades de maître Bolhmann.

L'aimable jeune fille, tenant toujours sous le sien le bras de son père, entra avec lui dans la salle basse, qui était la salle à manger de la maison. Elle l'établit commodément dans son grand fauteuil de

cuir vert, qui décorait le coin principal de la vaste
cheminée, l'approcha du foyer pétillant, et ce ne fut
que lorsque ce devoir fut rempli qu'elle se retourna,
et qu'elle aperçut le digne ecclésiastique qui était
entré presque aussitôt qu'elle, avec la fidele Dorothée.

Marthe s'inclina doucement, et avec un sourire
pâle et doux qui ressemblait aux rayons d'un soleil
d'hiver, elle alla au-devant du vénérable prêtre et
l'installa dans le fauteuil qu'il occupait d'ordinaire, à
l'autre coin du foyer, vis-à-vis de maître Bolhmann.

VIII

Tandis que les deux vieillards s'installaient en silence, en approchant leurs pieds des tisons ardents dont la flamme seule jetait quelque gaieté dans la petite salle basse, assombrie par les couches humides que les brouillards laissaient tomber au dehors sur les vitres, dame Dorothée préparait le repas du jour. Elle dressait la table, essuyait les plats d'étain qui brillaient sur le buffet, et courait de la cuisine à la salle et de la salle à l'office. Marthe était demeurée rêveuse, anprès du fauteuil de maître Bolhmann, reposant sur le dossier son bras fatigué. Il lui arrivait souvent d'oublier ainsi le monde extérieur et de s'isoler en elle-même comme dans une contemplation mystérieuse. Les cœurs qui ont beaucoup souffert éprouvent quelquefois cette absence de la vie, et la comprennent dans les autres. Le médecin du bourg, qui était aussi pharmacien, le respectable M. Kreüt-

zer, que nous avons déjà nommé, s'inquiétait de
cette disposition survenue dans l'état moral de Marthe ; et dans les fréquentes visites auxquelles il était
appelé depuis quelque temps chez maître Bolhmann,
il ne cessait d'éveiller la sollicitude de dame Dorothée sur ce point. M. Kreützer était généralement
estimé dans le voisinage.. C'était un joyeux compère
qui s'obstinait à ne voir de la vie que son bon côté ;
il abhorrait la mélancolie, autant qu'il aimait le vin
du Rhin, dont, chaque jour, il absorbait une quantité
égale dans ces verres de couleur verte, qui sont
spécialement affectés au vin du Rhin, en Allemagne.
Il avait coutume de dire que c'était le médicament
qu'il administrait le plus volontiers, et cela était
facile à voir ; car ce généreux spécifique figurait
fréquemment dans ses ordonnances. Aussi M. Kreützer voyait-il avec inquiétude la tristesse silencieuse
et résignée qui, de plus en plus, s'emparait du tempérament de Marthe. Il avait cru remarquer aussi
que souvent les roses de son teint s'effaçaient sous
une pâleur subite, et qu'alternativement une rougeur
fiévreuse venait colorer les saillies de ses joues
amaigries par une souffrance longue et sans espoir,
qui ne trouvait d'épanchement que dans la prière.

Le visage de Marthe où s'épanouissaient autrefois,
dans toute leur sérénité, la jeunesse et le bonheur,
offrait, en effet, ces nuances maladives ; cette blan-
cheur mate, qui accuse l'habitude de la douleur,
altérait, de jour en jour, la fraîcheur de sa riche
carnation. La vivacité de son regard, où se trahissait la candeur enjouée de l'enfance, s'était éteinte

dans les larmes. Les gracieux caprices de sa démarche et de ses attitudes s'étaient changés en une langueur patiente. Enfin, elle offrait, dans tout elle-
même, l'image la plus douce et la plus triste que l'on
pût voir de la résignation.

Le silence se faisait encore dans ce triste cercle,
lorsque le bon vieux curé, interpellant dame Dorothée qui se trouvait derrière son fauteuil, après un
petit signe d'intelligence échangé avec elle, prit la
parole :

— Ma commère, lui dit-il, car je n'oublie pas qu'il
y a douze ans environ nous avons tenu ensemble
sur les fonts baptismaux la petite Mina, la fille du
fermier, laissez-moi vous donner charitablement un
avis que vous ne regretterez pas d'avoir suivi d'ici à
trois quarts d'heure environ ; voilà que le brouillard
s'épaissit et qu'il ne tardera pas à tomber une pluie
fine et abondante. Croyez-m'en, vous agirez avec
prudence en vous acquittant promptement des soins
du dehors, car la pluie n'est pas plus favorable que
les brouillards à la délicatesse de Marthe.

Dame Dorothée alla à la fenêtre :

— Notre digne pasteur a raison, Marthe. Descen-
dons à la fontaine avant la pluie ; je suis assurée
qu'elle ne tardera plus. Venez, ma fille.

Marthe suivit sa nourrice ; chacune d'elles prit
dans la cour, à l'entrée du jardin, une cruche de
pierre, et, se dirigeant vers la fontaine, elles laissè-
rent seuls les deux vieillards.

A quelques pas de la maison, du côté du bourg,
un petit sentier s'écartait de la route et se perdait

derrière les arbres, parmi les harmonieuses inégalités des collines. Marthe et sa fidèle gouvernante
descendirent ce sentier, en repoussant du pied des
branches de vignes qui, de temps en temps, jon-
chaient l'étroit chemin de leurs dépouilles humides.
Elles arrivèrent ainsi à une fontaine délicieusement
ombragée, en été, par quelques peupliers irréguliè-
rement plantés, et protégée par une sorte de petit
roc qui s'élevait en une courbe gracieuse au-dessus
de l'eau, comme pour préserver sa surface limpide
et argentée des rides dont les vents d'hiver la menaçaient. Les habitants du bourg avaient élevé au bord
de cette source quelques pierres qui servaient d'appui
aux jeunes filles lorsqu'elles venaient là puiser de
l'eau. Elles s'y reposaient souvent, à l'abri du soleil,
pendant les beaux jours, et quelquefois s'engageaient
là de longues conversations où les malignités sur le
compte d'autrui n'étaient pas épargnées. Lorsque
Marthe et Willhem étaient enfants, souvent ils étaient
venus mirer, dans cette eau pure, les boucles de
leur chevelure blonde confondues et l'azur de leurs
yeux. Marthe s'en souvenait, et lorsqu'elle descendait à la fontaine, elle attachait sur cette source
pure un long regard, comme si elle lui eût rede-
mandé l'image chérie de son frère.

En arrivant, la bonne Dorothée posa sur le bord
de la fontaine sa cruche et celle dont Marthe était
chargée. Puis, tandis qu'elle les emplissait, elle fit
asseoir Marthe que la fatigue de la course avait un
peu oppressée.

— Marthe, dit-elle, reposez-vous. La pierre n'est

pas encore trop humide. Mais n'y restez pas long-temps assise. Voyez, pourtant, comme notre prudent pasteur avait raison : le vent a déjà amassé ici, à l'entrée, les feuilles jaunies. Il ne tardera pas à pleuvoir.

Marthe n'écoutait pas. La tête penchée tristement sur sa main, elle regardait l'eau suivant sa coutume.

— Nourrice, dit-elle enfin, cette eau ne me rendra donc jamais l'image de Wilhem?

— Ne pensez pas à cela, Marthe; le souvenir est un mauvais compagnon de route en cette vie, lors-qu'on est faible et impressionnable comme vous l'êtes. Croyez-moi, l'espérance vaut mieux. Le Seigneur est bon d'en avoir fait une vertu.

— O Dorothée! Je voudrais t'obéir et je ne le puis. Si je foule l'herbe des champs, il me semble qu'à côté de mes pas je vais trouver la trace de ceux de Wilhem. Si je rêve dans la vallée, je crois l'en-tendre au loin mêler sa voix aux murmures qui montent des bois voisins. A la table du soir, je crois sentir à mes côtés ses mouvements vifs et joyeux; et lorsque, comme autrefois, tournant mes yeux caressants vers sa place maintenant inoccupée, je trouve le vide au lieu de ma chère vision, alors mon cœur est saisi d'un froid mortel; tout ce qui m'en-toure s'efface devant moi; je repousse la nourriture que tu m'offres, et mon père me dit : — Marthe, tu ne manges plus. Est-ce que ton goût est devenu trop délicat pour notre frugalité?

Dorothée posa à terre ses cruches de pierre rem-plies, et s'assit auprès de la jeune fille, en ramenant sur les épaules de Marthe sa mante de laine noire.

Marthe poursuivit :

— Les jours de mon enfance sont encore tout près de moi ; je ne puis oublier, et quelque chose au fond de mon âme me défend d'espérer. Nourrice, je le sens, jamais, jamais plus, je ne serai heureuse.

— D'où vient ce découragement, ma fille ? la foi n'anime-t-elle plus votre prière de chaque jour ? Ne vous souvenez-vous plus de la Providence ?

L'aimable enfant passa ses bras autour du cou de la fidèle servante ; elle posa sur ses épaules sa tête pâlie, et la regardant à travers des larmes et un demi-sourire qui reflétait encore des grâces enfantines, elle lui dit doucement :

— Ne sois pas sévère, nourrice. Mon père ne l'est-il pas assez ? Il y a plus de deux ans que je n'ai rencontré son regard tendre et affectueux d'autrefois. Ce sont nos malheurs qui l'ont aigri, n'est-ce pas, nourrice ? Que lui a fait sa fille bien-aimée ?

— N'en doutez pas, Marthe ; la douleur n'éteint pas les affections, mais elle en affaiblit le témoignage. Non, maître Bolhmann n'aime pas moins qu'autrefois sa fille innocente et chérie, continua-t-elle en pressant dans ses deux mains le doux visage de Marthe ; il ne l'aime pas moins ; mais son cœur affligé, frappé dans l'âge même du repos, ne sait que s'affaisser sur lui-même, et refuse de s'épancher au dehors. Marthe, ma chère enfant, je t'aime aussi ; et malgré moi, la sensibilité de mon cœur, énervée par les fatigues de la vie, se refuse à cette expansion que demande ta jeunesse isolée. O ma fille ! il faut avoir bien souffert pour en être là ! Prends en pitié notre silence. Si l'écorce du vieil arbre est sèche et durcie, la sève encore n'y manque pas.

— Et toi, Dorothée, dit la jeune fille, poursuivant sa pensée, et laissant lentement retomber son bras sur ses genoux, toi-même, tu ne me parles jamais du seul sujet qui nous occupe, et lorsque je t'interroge, tu détournes les yeux et tu gardes le silence? Que dois-je penser, hélas? Obéis-tu aux ordres de mon père, ou ce que tu aurais à me répondre peut-être serait-il plus cruel encore que cette réserve? Ne le crois pas, Dorothée, c'est le doute affreux où je suis, qui produit cette fièvre ardente où se consument les jours de ta pauvre enfant. Parle, dis-moi ce que tu sais; ne crains rien, continua-t-elle, en redressant légèrement sa taille voûtée par une courbe maladive, et en reprenant la grâce coquette de ses attitudes d'enfant. Vois comme je suis forte encore, malgré ma souffrance et les larmes que je te cache. Car je pleure en secret, Dorothée, malgré ta défense. O dis, dis-moi tout; mon père ne le saura jamais, et je te le promets, je n'en mourrai pas.

Dorothée contempla un instant en silence son enfant adoptive; elle écoutait encore, quoique Marthe eût cessé de parler. Les lignes sévères de sa figure impassible se fondaient dans une expression douce et tendre que, pour la première fois, depuis longtemps, l'âme de la froide allemande laissait s'exhaler; une émotion plus puissante que les larmes rendait son regard humide et rayonnant comme celui des mères. Les jours écoulés repassaient aussi sous ses yeux ; elle revoyait l'enfant qu'elle avait élevée, lui demandant avec instance une première grâce, une première preuve de tendresse. L'obstination de son silence était vaincue. Il y a une grande force dans la grâce et dans la douceur.

— Parle encore, Marthe, dit-elle. Ta voix fait revivre dans mon cœur nos beaux jours. Moi aussi, je me rappelle, et je comprends tes pleurs, ô ma fille. Ecoute et rassure-toi. Non, Wilhem n'est pas perdu à jamais pour nous. Depuis longtemps ton père reposerait sous les ifs, au pied de notre clocher, s'il ne conservait toujours l'espérance de retrouver en ce monde son enfant bien-aimé. Mais, hélas ! Marthe, que te dire ? Les lettres de ton frère sont devenues rares, et ta candeur ne comprendrait rien aux sentiments qu'elles expriment. Wilhem, pauvre enfant prodigue, s'en est allé aussi avec son héritage ; et il a jeté au vent en largesses ce que chaque jour d'une vie de labeur avait apporté dans le coffre étroit de ton père. Il a dépensé dans la folie et dans l'ivresse ce que la sagesse et la tempérance avaient récolté. Ne t'en étonne pas, ma fille ; le désordre est un abîme dont on ne sort jamais qu'à demi-consumé. Et puis, Marthe, ce n'est pas toute ncore ; et ton père, assuré de ton consentement, a déjà exposé, pour l'arracher à ce gouffre, une part de ton propre bien. Je le sais, tu en feras le généreux sacrifice ; mais j'ai l'âme navrée, quand je songe que ma douce enfant paiera de l'aisance et du bonheur de sa vie les égarements d'un frère coupable. Ma fille, appelle donc à toi ton courage ; la pauvreté, hôte importun et

sombre, va venir bientôt peut-être s'asseoir à notre
foyer. Je ne la crains que pour toi, Marthe. Telle
est la cause de mon silence et de ma tristesse. Mon
enfant, je t'aime comme t'aimerait une mère; je
n'attendais plus rien de la vie que ton bonheur. Com-
prends-tu, maintenant, la monotonie de mes jours?

Dame Dorothée, en achevant ces mots, pleura
amèrement; et, sans regarder Marthe, elle couvrit
ses yeux de ses mains, croyant lui dissimuler sa
douleur. Mais Marthe ne la voyait pas. Recueillie
en elle-même, les mains jointes avec ardeur, elle
semblait prier de cette prière intérieure qui, en un
instant, traverse l'infini et porte l'âme devant Dieu.
Les yeux à demi-fermés, les lèvres sereines dans
leur pâleur et immobiles comme dans l'extase, on
eût cru voir un ange exilé se souvenant du ciel. Elle
resta ainsi jusqu'à ce que Dame Dorothée, revenant
à la situation, et inquiète de ne point entendre sa
chère enfant parler ni s'agiter, prit une de ses mains.
Elle était froide. La bonne gouvernante en fut saisie
d'effroi. Elle regarda : le visage de Marthe se déco-
lorait. Elle allait l'interroger; mais la jeune fille
venait de sortir de sa contemplation intérieure; elle
rouvrit les yeux, et saisissant le bras de Dorothée,
elle lui dit, en réunissant le peu de forces qui lui
restaient :

— Nourrice, il est donc vrai? Nous pourrons le
revoir, un jour, peut-être... Oh! que je vive jusque-
là! je veux prier encore?... Je veux m'agenouiller...

— Marthe, vous ne le pouvez ici. La terre est
fraîche; les feuilles sont humides. Ce lieu même,

vous le savez, est malsain en cette saison, et je suis imprudente de vous y laisser si longtemps. Venez, ma fille ; allons au presbytère. La vieille Marguerite nous donnera la clef de la petite chapelle, et nous pourrons prier plus à l'aise. — Levons-nous et venez.

Cependant la jeune fille pâlissait toujours. Elle voulut se soulever, et elle y parvint péniblement en s'appuyant sur sa nourrice ; mais, tout aussitôt, elle retomba sur elle-même, et dame Dorothée la faisant asseoir sur la pierre, la retint de son bras droit dont elle lui fit comme un dossier, pendant que de la main gauche, elle puisait dans une des cruches posées à ses pieds un peu d'eau dont elle jugea à propos d'humecter les tempes, les lèvres et les poignets de Marthe.

Pendant ce temps, la bonne gouvernante se parlait à elle-même, et s'en prenait à son indiscrétion d'avoir causé ce malheur. — Qu'avais-je besoin de tant causer ? se disait-elle à voix haute, s'inquiétant peu d'être entendue ; voilà pourtant comme de faibles enfants sont toujours plus forts que nous, et nous font vouloir ce qu'ils veulent. — Je m'étais pourtant bien promis de me taire, malgré toutes ses caresses. Ah ! petite friponne, ajouta-t-elle, plus tranquille, en s'apercevant que Marthe reprenait un peu de couleur et de sentiment ; cela est bien, une autre fois, vous ne m'y prendrez plus.

Marthe avait entendu ces dernières paroles ; à force de mouvement, dame Dorothée était parvenue à ranimer la pauvre enfant ébranlée par un instant de commotion trop vive, peut-être, pour son état langoureux et maladif. La jeune fille se sentant plus forte, se redressa doucement, et regardant dame Dorothée d'un air de tendre reproche :

— Nourrice, lui dit-elle, ne t'en veux pas de m'avoir consolée. Tu m'as appris à ne jamais me repentir d'une bonne action; ne démens pas toi-même un précepte si aimable. Quoi! tu pourrais regretter d'avoir soulagé mon cœur, d'y avoir fait renaître un peu d'espérance? Non, non, cela n'est pas possible; nourrice, bonne nourrice. O pardonne! je ne t'avais pas encore remerciée!

Et la douce enfant se jeta avec une effusion pleine de charme et de candeur dans les bras de dame Dorothée, qui, convaincue de nouveau, ne sut faire autre chose que couvrir de baisers l'enfant de sa prédilection.

La gouvernante avait oublié l'heure, et ne songeait guère à maître Bolhmann, non plus qu'au bon vieux curé et à son baromètre, lorsque des gouttes de pluie assez abondantes, tombant sur le front de Marthe et sur le sien, firent passer tous ces souvenirs dans son esprit. Elle se leva promptement, arrangea de son mieux les bandeaux de Marthe, croisa sur sa poitrine délicate sa mante qui glissait à tout moment de ses épaules, et mettant sous le sien le bras bien faible encore de sa fille adoptive, elle quitta la fontaine avec Marthe pour regagner la maison par le même chemin qu'elles avaient pris pour venir.

— Appuyez-vous sur moi, Marthe; ne craignez rien, je suis forte; et, malgré tous mes chagrins,

je crois que dans quinze ans je pourrai encore offrir
l'appui de mon bras aux souffrants et aux infirmes.
Au milieu même des épreuves, c'est une consolation,
mon enfant, de savoir que l'on peut être utile. Pour
nos cruches, ne vous en inquiétez pas, Marthe, je
les ferai prendre tout à l'heure par Carl Reimberg.
Le brave homme sera trop heureux de pouvoir nous
rendre ce service.

Lorsque dame Dorothée eut fini de parler, elle
aperçut le bon Carl qui accourait vers elle, hors
d'haleine.

Quand il fut auprès de Marthe et de sa gouvernante, il ôta respectueusement devant la jeune fille
son bonnet de laine de Strasbourg, et se penchant
à l'oreille de dame Dorothée, il lui dit tout bas :

— Dame Dorothée, on m'envoie pour vous dire
de vous hâter. Maître Bolhmann veut voir sa fille
une dernière fois.

Et Carl Reimberg s'éloigna à ces mots.

Dame Dorothée éprouva d'abord cette surprise
douloureuse et saisissante qui suspend la pensée, et
quelquefois même le mouvement. Elle s'arrêta un
instant, comme attachée au sol; mais bientôt les
perplexités qui s'élevèrent dans son esprit lui rendi-
rent l'activité. Elle hâta son pas, répondant par des
monosyllabes aux questions pressantes dont Marthe
l'accablait. La jeune fille se tut devant la préoccupation de sa nourrice, et elle se laissa entraîner sans
comprendre. Mais son cœur battait avec force, comme agité par un pénible pressentiment, et au bout
de quelques instants de cette course précipitée, une

oppression douloureuse la saisit. L'air l'étouffa ; une sueur légère, mais froide, couvrit son front, et une toux brève et sèche souleva par intervalles sa poitrine. Dame Dorothée s'arrêta ; et regardant son enfant adoptive avec une expression de tendresse alarmée, elle lui dit :

— Marthe, ma chère enfant, un malheur que nous ignorons encore menace notre existence. Ton père, en ce moment, est dans quelque grand danger. Je voulais te le cacher ; mais le trouble où je suis m'en ôte les moyens. Promets-moi, ma fille, de rassembler tes forces pour demeurer ferme sous le coup qui doit nous frapper. Mon enfant, aie courage ; la vie est lourde à celui qui reste seul à la porter. Ne m'en laisse pas tout le fardeau.

Dame Dorothée avait ralenti sa course. Elle enlaça de son bras la taille frêle de Marthe et la serra contre elle, comme si elle eût craint d'être séparée de l'enfant qu'elle avait élevée. Marthe était triste et silencieuse. L'habitude de la souffrance avait pourvu son âme de résignation. Un soupir sortit de sa poitrine comme une note plaintive. Cependant elle s'efforça de reprendre haleine pour suivre sa nourrice qui, involontairement, se hâtait d'arriver. La pluie tombait toujours ; de larges gouttes d'eau mouillaient lourdement le front blanc de Marthe, quoique Dorothée eût remonté la mante de la jeune fille comme en capuchon sur sa tête. Enfin, elles approchèrent de la petite maison blanche dont les lignes régulières se fondaient dans les brouillards, et dame Dorothée, remplie de crainte, s'appuya toute tremblante à l'un des chênes qui bordaient le chemin. Le courage qu'elle avait demandé à Marthe lui manquait à elle-même en cet instant. Oh ! quelle heure d'angoisse que celle-là, où, près d'entrer dans notre demeure, nôtre cœur s'y sent appelé par le cri de ses affections et repoussé par des craintes lugubres, qui, pareilles à des fantômes noirs, nous arrêtent sur le seuil !

— Marthe, dit la fidèle nourrice, en posant sur la serrure extérieure sa main défaillante, je suis préparée à tout ; mais je crains pour ta frêle nature les nouvelles douleurs qui nous attendent ; demeure ici quelque temps encore ; les feuilles jaunies que le vent a laissées sur ce hêtre te serviront d'abri quelques instants. Laisse-moi, mon enfant, aller la première au-devant du malheur.

Marthe branla doucement la tête, et de cet accent auquel on obéit sans qu'il commande :

— Je veux te suivre, nourrice, dit-elle.

La fidèle servante n'ajouta plus rien ; mais ses craintes redoublèrent. Elle ouvrit en chancelant la porte, et tout aussitôt son cœur fut gonflé d'amertume devant la triste scène qui frappa ses yeux.

Maître Bolhmann, renversé en arrière sur son fauteuil, les pupilles dilatées et fixes, semblait livré à toute l'anxiété d'une lutte suprême et déchirante. Ses mains, étendues en avant, tâtonnaient dans le vide, et quelquefois s'élevaient avec force, comme si elles repoussaient des fantômes invisibles ou des ténèbres menaçantes. Auprès de lui, le bon ecclésiastique fondait en larmes, la tête cachée dans ses mains, et le spectacle de cette vénérable douleur donnait plus de solennité encore à la tristesse de ce tableau. Près du vaste manteau de la cheminée, où se mourait un feu négligé, M. Kreützer, sur le coin d'un meuble, achevait de composer une préparation médicale. Sa joviale figure ne montrait plus que l'impassibilité de l'homme de l'art; mais l'empressement de ses soins trahissait une sollicitude amicale et un sincère intérêt. Enfin un jour morne et nuageux, déclinant déjà, jetait dans la chambre ses lueurs ternes et vagues.

Dorothée était restée immobile en contemplant ce tableau de douleur. Par un mouvement plein d'une prévoyance maternelle, elle avait étendu son bras devant la porte qu'elle tenait encore entr'ouverte, pour dérober à Marthe, qui la suivait, ce pénible aspect. Mais ce soin fut inutile. L'enfant, frappée de terreur, venait de comprendre que son père, menacé depuis longtemps de cécité, était arrivé à l'agonie de l'un de ses sens, et que cette crise douloureuse touchait à son triste dénoûment. Elle jeta un cri, et repoussant avec force la main de sa nourrice, elle courut à maître Bolhmann et vint tomber agenouillée à ses pieds.

— Mon père ! s'écria-t-elle avec toute la force du désespoir, mon père tendre et vénéré ! C'est moi, c'est Marthe ! Me reconnaissez-vous ?

Un silence plus triste que les sanglots répondit seul à la pauvre Marthe. Le vieillard gardait toujours la même attitude.

La douce enfant, remplie d'effroi, se tourna alors

vers la bonne Dorothée, qui pleurait dans l'ombre.

— Nourrice, dit-elle avec angoisse, il ne me répond pas. Viens le prier aussi. Peut-être, à mon insu, ai-je affligé son cœur et mérité ce silence? O mon père bien-aimé, pardonnez à votre Marthe! Parlez-lui comme autrefois! Dites-lui que vous la voyez encore!.

A la voix suppliante de sa fille innocente et chérie, à cette voix que jamais il n'avait entendue vibrer ainsi, maître Bolhmann tressaillit comme si, isolé et absorbé en lui-même, il était rendu tout à coup à la vie extérieure. Il pencha en avant son corps amaigri et inclina doucement la tête comme pour écouter mieux. Une expression de tendresse radieuse éclaira son front, habituellement sévère jusqu'à la dureté. Il voulut abaisser ses yeux à ses pieds, où Marthe, affaissée sur elle-même, les bras pendants, le regard attaché au sien dans l'anxiété de la prière, attendait de lui un geste, un mot. Il chercha à voir, et on put lire sur son visage un effort désespéré.

— Mon Dieu, s'écria-t-il, je veux voir encore ma fille chérie, l'enfant qui a apporté tant de joie dans ma vie, et qui n'a jamais coûté une larme à mes yeux que vous privez de la lumière. Mon Dieu, je veux voir Marthe! Seigneur, faites que je la voie!

Et le vieillard tâtonnait toujours au milieu des ombres qui l'entouraient. Il atteignit enfin la blonde tête de la jeune fille, sur laquelle ruisselait encore la pluie, et il la serra dans ses mains tremblantes.

— Ma fille, dit-il, viens plus près de moi... approche, approche... Il fait nuit, Dorothée; donne-nous des flambeaux. Entoure de lumière le visage de Marthe. Je veux emporter sa douce image jusque dans l'éternité.

La jeune fille retint un gémissement. Bien que le jour commençât à baisser, il éclairait encore de ses reflets jaunâtres cette scène navrante. Néanmoins, Dorothée obéit à maître Bolhmann, et essuyant ses pleurs du revers de son tablier, elle alla chercher deux flambeaux allumés qu'elle posa sur le large marbre de la cheminée.

— Mon père, dit Marthe d'une voix abattue a maître Bolhmann qui attendait toujours, voici les flambeaux.

Le vieillard, à ces mots, tenta un nouvel effort; il se pencha davantage, et refusant encore de croire à son malheur, il voulut diriger vers Marthe ses yeux qui ne perdaient rien de leur effrayante fixité.

— La voilà ! s'écria-t-il. Je revois ses traits. Ma fille, reste ainsi, et ne détourne pas la tête. Je veux te contempler, longtemps... toujours...

Maître Bolhmann se tut, et demeura ainsi quelques instants. Chacun épiait dans le silence les sensations que son visage traduisait. Enfin, le sentiment de son état réel parvint à son âme pour la première fois. Ce fut une révélation cruelle. Pour la première fois, il ressentit cette lucidité intérieure, particulière à ceux qui sont privés de la vue, et qu'on pourrait appeler un autre sens. Sa dernière illusion céda bientôt à la réalité amère. Un monde de ténèbres l'entourait. Il lui sembla qu'il s'était endormi dans la vie, au sein de la création, et qu'il se réveillait

dans les abîmes du chaos. — Le vieillard eut peur ;
il tressaillit de tout son corps et tomba lourdement
en arrière.

— Malheureux que je suis, murmura-t-il, mon
cœur m'avait trompé, et mes yeux ont perdu à jamais
la lumière ! O Marthe ! O Wilhem ! Adieu ! Je ne
vous verrai plus.

La jeune fille ne contint plus ses sanglots. Elle
tenait embrassés les genoux de son père, et les
mouillait de ses larmes brûlantes. Dame Dorothée
s'approcha d'elle et essaya de la relever sans y réussir. Marthe ne céda qu'aux instances du vénérable
curé qui, oubliant sa douleur pour ne se souvenir
que de sa mission en ce monde, était venu murmurer
à son oreille des paroles de consolation et de paix.
Docile à la voix de son pasteur, Marthe se leva
lentement, et, pour obéir, elle essuya ses larmes qui
se renouvelaient sans cesse, ainsi qu'une source qu'on
croit voir se tarir à chaque instant et dont chaque
flot ramène un flot devant lui.

Cependant, maître Bolhmann restait toujours
immobile. M. Kreützer s'avança vers lui. Sa grave
physionomie était bouleversée. Toutes ses impressions de son excellent cœur s'y lisaient ouvertement.
Lorsqu'il se fut assuré de l'état du vieillard, il rejoi-
gnit le bon curé ; et lui tendant la main, il lui dit à
demi-voix :

— Chacun de nous a ici sa mission. La mienne a
été pénible, jusqu'à ce jour ; car j'avais prévu que la
douleur persistante de notre ami aurait un résultat
funeste. Mais la vôtre commence dans toute sa

rigueur. — Pasteur, cette enfant est bien malade. Cette seule heure d'émotions a emporté plus d'une année de sa vie. Obtenez d'elle qu'elle prenne quelque repos.

Et le digne curé, aidé de la fidèle gouvernante, entraîna ailleurs la pauvre enfant désolée.

M. Kreützer retourna auprès de maître Bolhmann. Il venait de perdre connaissance.

IX

Le médecin du bourg avait raison. Marthe était bien malade. Depuis longtemps une fièvre lente usait son organisme délicat, comme un feu volcanique travaille sourdement la terre et prépare sans bruit, sans éclat, ses ravages cruels. Ses nuits, souvent sans sommeil, lui paraissaient plus longues que les jours les plus remplis, et quand ses paupières pesantes se fermaient malgré sa pensée, des rêves qui ressemblaient à de magiques apparitions agitaient son repos. Elle ne mangeait plus; les fruits du jardin qu'elle cueillait autrefois avec délices tombaient maintenant à ses pieds, desséchés et flétris, sans avoir un instant excité son envie. Elle ne leur trouvait plus de saveur, ni aux fleurs plus de parfum. Son cœur était muet en face des harmonies du printemps ou des splendeurs de l'automne; et elle voyait du même œil morne l'éclat d'un beau jour et les deuils de la nature. Les contrariétés habituelles

de la vie glissaient sur l'indifférence dont une résignation longuement acquise avait enveloppé son
âme. La fleur qui s'étiole reçoit sans plaisir et sans
souffrance les influences du ciel. Le soleil n'a plus
d'ardeur pour elle, et les vents inégaux ne la font
pas frémir sur sa tige affaissée. Telle était Marthe ;
tels sont les cœurs souffrants qui n'attendent plus de
ce monde le remède à leurs maux.

Maître Bolhmann, depuis longtemps, était trop
rempli du sentiment de ses propres douleurs, pour
que cet état de langueur éveillât ses craintes paternelles. La bonne gouvernante s'en était seule inquié-
tée jusqu'alors ; et sa vigilance alarmée luttait sans
cesse dans son âme avec son sang-froid naturel, et le
besoin qu'elle avait de calme et de bien-être. Le
médecin s'en préoccupait plus gravement. Appelé
depuis un an dans la demeure de maître Bolhmann
pour lui donner ses soins, la touchante tristesse de
Marthe l'avait frappé. La cause lui en était assez
connue. Les jeunes filles des alentours ne la voyaient
pas le soir se mêler à leurs rondes joyeuses sur les
pelouses, ni le dimanche parmi leurs rangs coquets
étaler avec vanité des parures dont l'origine eût été
le commentaire de mille discours contraires à la
charité. Marthe n'avait nulle part excité le blâme ni
l'envie ; on s'était habitué à la voir planer au-dessus
du vulgaire et à se hausser pour la regarder. Les
mères et les sages aïeules la montraient à leurs filles
sans les rendre jalouses, et il n'était pas de famille,
bourgeois ou fermiers, où lui la touchante amitié de
Wilhem et de Marthe ne fût connue.

M. Kreützer ne voyait pas sans une inquiétude affectueuse la jeune fille s'affaiblir visiblement de jour en jour, malgré ses soins. Une vie nouvelle de fatigue et de renoncement avait commencé pour Marthe, depuis que le malheur s'était appesanti davantage sur la pauvre famille. Pâle et se soutenant à peine, elle cachait à son père ses langueurs, pour que le vieillard aveugle osât, sans contrainte, dans sa promenade de chaque jour, se décharger sur son bras du poids de ses infirmités. Cette force surnaturelle, dont le dévoûment seul a le secret, venait en aide à sa faiblesse, et lorsqu'elle rentrait épuisée, elle trouvait encore le courage de distraire les heures longues et arides que maître Bolhmann comptait si lentement. Les prévoyances de sa tendresse suppléaient au sens qui manquait au vieillard. Marthe avait retrouvé pour lui la parole, si douce dans sa bouche. Elle agissait, elle secouait l'apathie maladive qui gagnait de jour en jour quelque chose de ses facultés; mais chacun de ses mouvements, chacune de ses paroles était une contrainte, une souffrance.

Rien de cela n'échappait au clairvoyant docteur. Il confiait souvent ses craintes à dame Dorothée. — Marthe, disait-il, montrait tous les symptômes d'une lente consomption; et il disait vrai. La pâleur uniforme de tout son visage n'était rompue que par les teintes pourprées dont la fièvre colorait les saillies de ses joues. Son corps se voûtait, et sa toux sèche et saccadée, que tout l'art de M. Kreützer n'avait pu guérir, cette toux revenait chaque jour plus fréquente. Marthe était seule à ignorer son état. Car pour maître Bolhmann on ne pouvait plus dire de lui qu'il vivait, mais plutôt qu'il assistait à sa vie.

Le foyer appauvri ne montrait plus cette heureuse aisance qui réjouit plus que les richesses. La table frugale était moins ornée. Il y avait moins de bois dans l'âtre, et l'office était plus simplement pourvue. La médiocrité se montrait, honteuse d'elle-même, à côté d'une sévère propreté. Ce changement n'était douloureux que pour la fidèle Dorothée. Il ne frappait ni les yeux du vieillard, fermés pour toujours à la vie extérieure, ni le cœur de la jeune fille, endormi dans ses douleurs.

Tandis que Marthe filait un matin à la fenêtre dans la chambre de maître Bolhmann, un étranger frappa à la porte et fut introduit par Dorothée dans la petite salle basse. C'était l'homme d'affaires d'un riche étranger établi à Stuttgard, qui possédait quelque bien dans le pays de Bade, et particulièrement une splendide maison de plaisance, dont les dépendances s'étendaient contiguëment au vaste jardin de maître Bolhmann. Il ne venait pas souvent de visiteurs inconnus dans la petite maison blanche. Aussi, dame Dorothée fit-elle à celui-là fort mauvais accueil; elle prit funeste augure de son air raide et compassé, et ce fut à contre-cœur qu'elle monta l'annoncer à son maître, et lui porter un acte notarié au bas duquel le grave intendant réclamait sa signature.

Maître Bolhmann, en recevant ce papier des mains de Dorothée, tomba dans une tristesse profonde. Il couvrit sa figure de ses deux mains, pour dérober à la jeune fille et à la servante les sentiments qui l'agitaient. Marthe le regardait avec une douleur compatissante, mais sans étonnement, et elle attendait dans un silence religieux qu'il lui ouvrît son cœur.

Après quelques minutes, le bon père releva la tête, et il appela faiblement sa fille. Marthe se leva et alla timidement s'appuyer sur le dossier de la chaise qu'occupait son père. C'était sa place habituelle depuis le dernier malheur qui avait frappé le bon vieillard. Elle l'environnait de cette tendresse de protection ingénieuse que notre foi reconnaît à nos anges gardiens. Nul amour en ce monde ne ressemble davantage à l'amour maternel dans sa délicatesse et sa générosité, que l'amour filial devenu protecteur.

— Ma fille, dit maître Bolhmann avec la lenteur qui accompagne un douloureux aveu, tu sais ma faiblesse? J'ai dépouillé d'une part de son héritage l'enfant soumise et fidèle pour le prodigue qui a laissé blanchir mes cheveux dans l'abandon et la douleur. Ne crois pas, ma fille bien-aimée, que mon cœur soit inégalement partagé entre vous. Dieu, qui fait à tous la même part dans l'immensité de son amour, a dit qu'il y a dans le ciel plus de joie pour un pécheur qui se repent que pour plusieurs justes qui persévèrent. Marthe, demain un étranger prendra possession de la meilleure moitié de notre bien. Cette terre, que j'ai achetée au prix de mes longs travaux, qui nous a nourris si longtemps, va passer en d'autres mains. J'entendrai demain la cognée frapper le tronc de nos vieux chênes, et toi, ma fille, tu verras avec douleur tomber les jeunes arbres qui ont grandi avec Wilhem et toi. Oh! quels sont ceux qui peuvent voir froidement passer des ombres indifférentes sous les charmilles mystérieuses où dorment leurs souvenirs? Qui peut sans regret laisser effacer sur la pierre noircie du fronton paternel le nom respectable de l'aïeul? Cependant, avant de m'engager sans retour dans cette décision pénible, il est raisonnable, ma fille, que je consulte ta générosité. C'est à toi de légitimer, par ton consentement, une injuste donation qui n'a d'excuse que dans ton cœur. L'indigence menaçait ton frère, Marthe; voilà pourquoi j'ai donné.

Marthe entoura de ses bras le cou de son père, et elle approcha de ses lèvres son front tout rayonnant de douceur et de tendresse.

— Donnez encore, mon père, dit-elle. Donnez toujours. Tout, tout pour Wilhem.

— Alors, dit maître Bolhmann en respirant librement, alors tu ne m'en veux pas de ma faiblesse?

— Vous avez donné seulement la moitié, continua Marthe, et moi j'aurais tout donné, mon père!

— O ma généreuse fille! sois bénie, dit le vieillard en étendant les mains sur la tête de Marthe, tandis que sur le front incliné de la jeune fille coulaient lentement, comme une huile sainte, des larmes d'attendrissement paternel. C'était la première joie qui revenait visiter le cœur du vieillard depuis ses joies perdues et ses espérances flétries.

Marthe conduisit sur le papier la main tremblante de son père, et quand l'acte fut signé, elle le remit en souriant à la bonne Dorothée, qui attendait tristement à l'écart, et la fidèle servante descendit pour le porter à l'intendant.

Le lendemain, ainsi que l'avait dit maître Bolhmann, des ouvriers envahirent le jardin, et un mur élevé à la hâte sépara en deux lots ce petit domaine, sinon vaste et splendide comme une demeure seigneuriale, du moins spacieux et agréable comme une habitation qui s'est formée petit à petit, et que son laborieux propriétaire a rêvé chaque jour à embellir. La cognée s'abattit sur les arbres séculaires et sur les frêles arbrisseaux. Un vieux bouleau, dont les fruits fournissaient aux amuséments de Marthe et de Wilhem dans leur enfance, fut frappé le premier. De larges poiriers, dont les branches tortueuses pliaient chaque année sous les fruits lourds et savoureux, tombèrent un à un. Marthe vit tout cela avec tristesse, mais sans regret de son sacrifice. Seulement, lorsque ces arbres chéris de son frère s'abattirent, elle les regarda tomber comme on regarde de saintes ruines : — Wilhem les aimait, dit-elle, — et elle soupira longuement.

Le digne curé admirait et soutenait sa patience résignée. C'était à la fois son devoir et le penchant de sa propre nature, pleine de mansuétude et de calme. Il n'en était pas ainsi de M. Kreützer. Instruit confidentiellement par Dorothée des motifs de cette destruction inattendue, il avait bien de la peine à garder au dedans de lui ses impressions et ses pensées. Les dévouements de Marthe, l'élévation de son caractère humble, doux et généreux, le spectacle de sa douleur muette, le remplissaient d'une admiration dont il ne retenait les élans que bien malgré lui; et en même temps l'impuissance de son amitié contre tant de maux sans remède, excitait son humeur et lui causait des accès de brusquerie qui surprenaient tout le monde. Il en voulait à maître Bolhmann d'avoir accepté le sacrifice de sa fille — et ceci, disait-il, pour un jeune *drille* qui avait eu la sottise de se lasser du bonheur. — M. Kreützer n'avait pas de pitié pour les maux qui viennent aux hommes de leur propre fonds; non plus que d'indulgence pour les erreurs ou les défaillances de l'âme, que, pour sa part, il n'avait jamais connues, en philosophe accompli qu'il était. Tant il est vrai que nous ne comprenons bien que les maux que nous avons ressentis. On est saisi de pitié, je le veux bien, à la vue de douleurs que l'on ignore; mais, si sensible que l'on soit, l'on n'est ému de compassion que devant celles dont on a reçu l'atteinte, et dont on porte encore la plaie découverte ou cachée.

Le travail était devenu nécessaire dans la pauvre maison. Marthe dissimulait aisément à son père ses fatigues laborieuses. Elle filait longtemps le soir aux pâles reflets de l'âtre, ou à la clarté de la lampe, et souvent, tandis qu'elle tournait le rouet, le cri sinistre des oiseaux des montagnes et les gémissements du vent troublaient sa veille. Alors, de sombres frayeurs la saisissaient. De noirs pressentiments passaient dans son cœur et faisaient surgir autour d'elle des ombres imaginaires. Elle avait froid, elle avait peur. Mais bientôt son dévouement lui rendait le courage. Elle pensait à son père, à Wilhem, au Ciel; et les ombres se dispersaient, et la lumière rentrait dans son cœur. D'autres fois, le sommeil fermait ses yeux, et ses doigts laissaient tomber le fil de lin. Mais le sentiment de son devoir la réveillait aussitôt; et elle reprenait son rouet. Le lendemain, sa nourrice allait en secret au bourg vendre le produit de la veille; et les yeux exercés de M. Kreützer pouvaient seuls deviner, sous la tristesse habituelle de son sourire, l'abattement qui suit un travail pénible et obligé.

X

Un jour, un de ces jours qui semblent être une
des premières libéralités du printemps, Marthe était
assise au seuil de la porte, auprès de son père qui
réchauffait aux tièdes rayons du soleil ses membres
engourdis avant l'âge. La jeune fille tenait sur ses
genoux un livre ouvert; c'était la Bible, le livre
chéri de maître Bolhmann. Bien souvent dans sa
vie, il avait tourné avec respect ces feuillets sacrés.
Dans les mauvais jours, il avait souvent versé sur
ces pages l'angoisse qui débordait de son cœur trop
plein. Il avait souvent trouvé le remède, et presque
toujours le conseil et l'espérance. Car la parole d'En-
Haut porte en elle un baume ineffable, et elle ressemble à ces fruits exquis d'où sort, quand on les presse,
un jus délicieux. Depuis qu'il était privé de la vue,
maître Bolhmann ne pouvait plus verser dans le
saint livre les épanchements de sa foi. Mais il se

passait rarement un jour sans qu'il le mît entre les mains de Marthe, en lui faisant relire à haute voix les passages qu'il préférait, ceux où il retrouvait quelque chose de lui-même, de sa vie. Ce jour-là le livre était ouvert à un chapitre de Job, ce résumé lamentable et magnifique des douleurs humaines, couronnées par la patience et la foi. Maître Bolhmann aimait et vénérait entre toutes cette figure biblique, radieuse dans sa détresse, rayonnante sur le fumier de ses misères. Ce n'était pas là seulement à ses yeux la pauvre humanité gisante dans ses douleurs, luttant dans sa chair maudite depuis la condamnation originelle, et victorieuse par la grâce ; c'était comme l'écho de son histoire ; comme un retentissement éloigné de ses souvenirs. Car il est vrai que l'homme se recherche lui-même en toutes choses ; et que tout ce qui lui est relatif touche vivement son cœur.

Marthe en était à ces paroles si belles dans leur simplicité :

« La vie de l'homme sur la terre est une guerre continuelle, et ses jours sont comme les jours d'un mercenaire.

» Comme un esclave soupire après l'ombre pour se reposer, et comme un mercenaire attend la fin de son ouvrage,

» Ainsi je ne vois dans ma vie que des mois vides et sans fruit, et je n'y compte que des nuits pleines de travail et de douleur.

» Si je m'endors, je dis aussitôt : quand me lève-rai-je ? et étant levé, j'attends le soir avec impatience, et je suis rempli de douleurs jusqu'à la nuit. »

Marthe continua ainsi jusqu'au chapitre X^e, et elle arriva à ces mots que souvent elle avait entendus tomber des lèvres de maître Bolhmann.

« Le peu de jours qui me restent ne finira-t-il point bientôt? Donnez-moi donc quelque relâche, afin que je puisse respirer dans ma douleur.

» Avant que j'aille, sans espérance d'aucun retour, en cette terre ténébreuse couverte de l'obscurité de la mort. »

La jeune fille ralentit sa voix, comme si elle interprétait aussi dans sa pensée ce gémissement de l'homme de douleurs. Enfin, elle s'arrêta au dernier verset, pour lever les yeux vers son père. Le visage immobile de maître Bolhmann exprimait une rêverie pleine d'une tristesse amère. Marthe ferma ce livre, et le rouvrit à un autre feuillet marqué d'un signet.

— Mon père, dit-elle, ces paroles sont sévères, et elles ne peuvent entrer dans votre cœur. Mon pere, lorsque Job désirait de mourir, il n'avait plus d'enfants !

La douce voix de Marthe réveilla la pensée engourdie du vieillard. Il ne répondit pas ; mais il ouvrit les bras à son aimable enfant, et elle s'y jeta avec une tendre effusion. Puis elle approcha son siége de celui de son père et reprit le livre sacré à la page qu'elle avait marquée.

« Je ne veux point achever ce verset, dit-elle, de peur que le Seigneur ne prête l'oreille à ce vœu cruel. Mon père, permettez que je relise plutôt cette consolante parabole de l'Enfant prodigue que vous ai nez, et que j'aime tant aussi, hélas ! Il me semble toujours que le Seigneur nous y parle de Wilhem. »

— Lisez, Marthe, j'écoute, dit maître Bolhmann.

Oh! continua Marthe, en fixant au loin, vers les collines blanchies, des yeux pleins d'espérance, si Wilhem pouvait revenir comme l'enfant de la parabole! Si un jour, du haut de nos montagnes, nous le voyions apparaître!

Maître Bolhmann soupira longuement, et son front sans espérance s'abaissa de nouveau sur sa poitrine. Marthe craignit d'avoir agité au fond de son cœur l'amertume des souvenirs, et s'étant relevée en silence, elle reprit la sainte parabole.

Elle lut lentement et avec amour cette belle page de l'Évangile :

« Un homme avait deux fils, dont le plus jeune dit à son père : Mon père, donnez-moi ce qui doit me revenir de votre bien, et le père leur fit le partage de son bien.

Peu de jours après, le fils le plus jeune ayant amassé tout ce qu'il avait, s'en alla dans un pays étranger fort éloigné, où il dissipa tout son bien en excès et en débauches.

» Après qu'il eut tout dépensé, il survint une grande famine dans ce pays-là, et il commença à tomber en nécessité.

» Il s'en alla donc, et s'attacha au service d'un des habitants du pays, qui l'envoya dans sa maison des champs, pour y garder des pourceaux.

» Et là, il eût été bien aise de remplir son ventre des écosses que les pourceaux mangeaient, mais personne ne lui en donnait.

» Enfin, étant rentré en lui-même, il dit : Combien y a-t-il, chez mon père, de serviteurs à gages qui ont plus de pain qu'il ne leur en faut ; et moi, je meurs ici de faim. Il faut que je parte, et que j'aille trouver mon père, et que je lui dise : Mon père, j'ai péché contre le Ciel et contre vous, et je ne suis plus digne d'être appelé votre fils ; traitez-moi comme l'un des serviteurs qui sont à vos gages.

» Il partit donc et vint trouver son père. Lorsqu'il était encore bien loin, son père l'aperçut et en fut ému de compassion ; et, courant à lui, il se jeta à son cou et le baisa. »

Ici, Marthe s'arrêta ; un nuage humide passa sur l'azur de ses yeux, et involontairement son regard se porta vers les collines lointaines, et perça à travers les arbres qui croisaient sur la vallée silencieuse leurs branches encore nues. Mais en vain il fouilla l'espace. L'ombre tardive et repentante du prodigue n'apparaissait pas au fond de la solitude. La jeune fille resta ainsi un moment, interrogeant le silence et le vide de toute l'anxiété d'un espoir qui s'éteint. Enfin, elle détourna tristement la vue, et la reporta sur son père qui, lui non plus, ne pouvait rien pour sa douleur. Maître Bolhmann dormait profondément. L'hiver long et rigoureux l'avait fatigué ; il ne retrempait ses forces épuisées que dans le sommeil. L'air vif qui descendait des montagnes jusqu'à lui avait amené dans tout son être un doux assoupissement. Marthe regarda le vieillard avec une tendre compassion ; elle contempla ce visage dans sa décrépitude prématurée, et elle compta presque les rides que les années de leur malheur avaient laissées, comme des traces de leur passage, à ce front vénérable.

— Hélas! dit-elle, comme il a souffert! Je vois, maintenant, tout ce qu'il m'a caché de pleurs! Comme ils ont blanchi, ces cheveux dont les mèches brunes glissaient sous nos doigts d'enfants! Comme sa taille, si ferme et si droite, s'est affaissée! C'est ainsi que s'incline là-bas, au bord de la source, ce vieux saule où j'avais inscrit le nom de Wilhem et le mien, et que le vent d'orage a courbé hier, en passant. O mon Dieu! quel présage!

Un frisson saisit la pauvre Marthe à cette pensée. Elle était superstitieuse comme l'enfant timide des vallées de l'Allemagne; elle était craintive comme le sont les cœurs que la vie a éprouvés. Elle se leva, saisie de frayeur, et courut se réfugier auprès de son père endormi, comme si elle eût été poursuivie par une sinistre apparition. Maître Bolhmann dormait toujours; sa respiration s'exhalait démesurément et sans bruit. Marthe reprit bientôt du calme devant ce sommeil paisible qui semblait démentir ses frayeurs et la rassurer contre le trouble de ses pressentiments. Un peu de paix rentra dans son cœur. Elle se pencha doucement sur le front de l'aveugle pour s'assurer que la vivacité de son mouvement n'avait pas dérangé son repos. Alors, comme il arrive aux âmes généreuses et tendres après quelqu'une des secousses de la vie, l'âme de Marthe sentit en elle le besoin de la prière. Ses genoux fléchirent sans effort, et elle éleva ses mains vers Celui qui frappe et qui guérit. Ses lèvres demeurèrent immobiles, mais son cœur

avait pris des ailes, et déjà il était aux pieds de Dieu.
Oh ! qui a pu jamais s'étonner de la sérénité qu'amène
avec elle la prière ! La prière, ce commerce ineffable
de la divinité et de l'humanité, où le Créateur semble renouveler le grand œuvre du septième jour, et
souffler une seconde âme dans le corps dégénéré de
la créature souffrante !...

Marthe se relevait, encore remplie de recueille-
ment, lorsqu'un bruit de pas précipités l'arracha à
sa ferveur. Elle se retourna, et vit venir à elle Carl
Reimberg qui accourait tenant une lettre à la main.
Marthe craignit que son empressement bruyant ne
vînt à interrompre le sommeil léger du vieillard, et
elle alla au-devant du messager, en lui faisant des
signes de la main.

Lorsque Carl s'arrêta et que, sur la prudente
recommandation de Marthe, il eut repris haleine
sans trop souffler, la jeune fille regarda la lettre
qu'il tenait. Elle était large et cachetée de noir. A
cette vue, Marthe pâlit. Nulle conjecture ne traversa
son esprit ; mais ses terreurs s'élevèrent de nouveau.
Quelque chose pesait sur elle, comme une étreinte
lourde et douloureuse. Elle trembla de tout son être,
et avança vers Carl une main mal assurée.

Mais le brave Carl hésitait à se dessaisir de son
message. Depuis longtemps, maître Bolhmann avait
défendu hautement qu'on remît entre les mains de sa
fille les lettres qui portaient un cachet étranger. Il
redoutait que l'innocence de Marthe fût initiée aux
confidences de son frère ; il voulait laisser à sa sainte
affection toute sa candeur et sa confiance. Enfin, si

quelque coup douloureux lui venait de ce fils égaré, il voulait être seul à le recevoir. Depuis qu'il ne pouvait plus lire, il avait été convenu que dame Dorothée recevrait les lettres, et que, quant aux plus importantes, le vénérable ecclésiastique serait appelé pour les lire secrètement à maître Bolhmann.

Carl avait donc une juste raison d'hésiter à remettre à la jeune fille la lettre qu'il tenait. Il commença par regarder autour de lui avec embarras; et assurément son air effaré n'eût pas manqué, en des jours plus heureux, d'arracher à l'aimable enfant un joyeux éclat de rire.

— Ne trouverai-je pas ici, dit-il en balbutiant, notre curé ou dame Dorothée?

— Carl, dit la jeune fille timidement, donnez la lettre; je la remettrai moi-même. Ma nourrice ne tardera pas à descendre.

Carl, comme les paysans, était entêté, et de plus, il était de la Bavière. Il ne bougea pas.

— Ne craignez point pour votre démarche, Carl, continua Marthe. Mon père va se réveiller sur l'heure; il m'a donné toute sa confiance.

Mais Carl hésitait toujours. Il roulait silencieusement ses gros yeux dans leur orbite, avançant et retirant sa main alternativement, avec l'expression du plus gauche embarras que l'on pût voir.

Marthe allait recommencer ses supplications, lorsqu'elle aperçut de loin le bon curé qui cheminait à pas lents, vers la demeure de son ami, pour lui apporter les consolations de son sacerdoce. Le visage pâle de Marthe et ses traits découragés reprirent

quelques teintes animées en apercevant le digne
curé. La victoire était à elle.

— Mon ami, dit-elle, voici justement notre pasteur qui vient de ce côté. Je lui donnerai la lettre,
et il la lira à mon père. Retourne aux champs et sois
sans inquiétude.

Et d'un geste modeste et doux, mais plein d'autorité, elle prit la lettre des mains du paysan, et elle
le renvoya.

Le brave Carl ne résista pas davantage. Il salua
la jeune fille avec le respect que sa présence inspirait, et il retourna à ses travaux.

Marthe demeura seule, tenant entre ses mains le
message mystérieux. Alors, il s'éleva dans son âme,
pour la première fois, une lutte douloureuse entre
son cœur et sa conscience, lutte suprême que nous
connaissons tous, qui a éprouvé les forces de chacun
de nous, à quelqu'heure solennelle de notre vie.
Marthe était soumise à son père. Elle ressemblait à
ces filles fidèles de la Bible qui croissaient obéis-
santes sous la tente des patriarches. Jamais une
seule de ses actions n'avait contrarié la volonté paternelle, et son pied n'avait point franchi la voie droite
et rigoureuse du devoir. Cependant ses inquiétudes
et ses appréhensions renaissaient plus fortes dans
son âme ébranlée. Deux puissances se combattaient
en elle. L'une, l'impérieux instinct de son cœur,
l'avertissait que le dernier mot de sa destinée était
contenu dans ce morceau de papier sinistrement
cacheté de noir ; l'autre, l'austère conscience, accablait son cœur sous les scrupules les plus respecta-

bles. Son père était seul maître de ce secret, quelque poids, qu'il dût avoir dans sa vie. Elle ne devait le partager avec lui, qu'autant que son autorité en disposerait ainsi. Que devait-elle faire? Les forces de Marthe défaillaient dans cette lutte d'un instant. Elle fut près de s'affaisser sur elle-même, et sa main chercha un appui contre la muraille où grimpaient le lierre et les campanules.

La jeune fille dirigea ses yeux vers la route; le bon curé avançait toujours, et il n'était plus qu'à quelques pas. — Elle regarda son père; et le vieillard, comme si quelque rêve troublé eût dérangé son sommeil, agita la tête et changea d'attitude.

Il ne restait plus qu'un moment, Marthe implora le Ciel de son regard doux et tendre, et sa main tremblante brisa le cachet noir.

La lettre était fermée avec soin. La jeune fille l'eut à peine entr'ouverte qu'un médaillon d'or, suspendu à un ruban noir, s'échappa des plis du papier et glissa à terre. Marthe n'eut pas besoin de le ramasser pour le reconnaître. C'était un reliquaire que Wilhem portait habituellement, et qui jamais, jusqu'à ce jour, n'avait dû quitter sa poitrine. Marthe en portait elle-même un tout semblable. Leur mère avait attaché à leur cou ces bijoux sacrés, le jour où on avait apporté, sur son lit de douleur, ses deux enfants, pour les présenter à sa dernière bénédiction. Wilhem et Marthe ne devaient abandonner ce souvenir que comme un legs, en même temps qu'ils quitteraient la vie. — C'était donc la dernière pensée de son frère, son adieu...

Marthe lut alors dans son cœur toute la vérité. La lettre non ouverte tomba de ses mains raidies et tremblantes. Un cri de détresse, de détresse maternelle, sortit à demi-étouffé de sa poitrine ; elle pâlit, ses yeux se fermèrent, et elle glissa le long du feuillage, au pied de la muraille.

Il y avait tant d'alarme dans le cri de la jeune fille, et une vibration si douloureuse que tout s'en émut autour d'elle. Les bruits timides de la solitude, l'hymne matinal des petits oiseaux, les premières harmonies de la nature ressuscitée, tout s'interrompit, tout se tut avec elle, comme si cette nature amie eût voulu l'entourer de sa compassion.

Cependant, comme un grand silence survenu tout à coup trouble le sommeil plutôt qu'une suite de sons familiers, maître Bolhmann ne tarda pas à s'agiter d'abord, et à se réveiller bientôt après. Il se redressa autant que son affaissement intérieur le lui permettait, et il appela.

— Marthe, dit-il. Marthe, ma fille, répéta-t-il en tâtonnant autour de lui.

Rien ne répondit au vieillard ; et le silence de deuil qui l'entourait le frappa de terreur. Cet instinct intelligent qui n'appartient qu'à l'aveugle, et qu'on pourrait appeler « vue intuitive, » avertit maître Bolhmann que le malheur venait de passer encore devant sa demeure. Il oublia alors qu'un monde de ténèbres le séparait du monde extérieur. Il revit en lui-même sa chère maison, le banc de pierre, le hêtre. Il se vit assis immobile au milieu de son isolement; et dans ce tableau, il ne vit point Marthe; Marthe, la blonde lumière qui, dans son cœur, éclairait toutes ces ombres; et sans autre soutien que son élan, il courut du côté de la maison, en jetant devant lui un appel sonore et plaintif.

Après cet effort, le tableau intérieur s'effaça, et tout redevint noir autour de lui. Le sentiment de son infirmité lui revint; il étendit les mains en avant et se sentit seul au milieu du vide. Le désespoir envahit son être; ses genoux faiblirent; il ne se soutenait plus, lorsque dame Dorothée, qui sortait du jardin, accourut par le vestibule. Le cri douloureux de maître Bolhmann avait frappé ses oreilles; elle arriva à temps pour le recevoir dans ses bras, tandis que le vénérable ecclésiastique, effrayé de tout ce mouvement, se hâtait aussi, de son côté, pour prêter à la gouvernante son secours faible, mais dévoué.

— Marthe! s'écria le vieillard en repoussant les soins de Dorothée et la main affectueuse de son vénérable ami; où est Marthe? répéta-t-il, d'une voix anxieuse et sourde.

Et après ces paroles, il tomba inanimé dans son grand fauteuil que Dorothée avait eu à peine le temps d'approcher.

Au même instant, la bonne gouvernante heurta du pied le médaillon d'or. Une révélation soudaine de la vérité se fit à son esprit. Elle le ramassa en pâlissant, et lorsqu'elle releva les yeux, ce fut pour apercevoir Marthe, étendue sans vie sur la terre, ses nattes blondes détachées, et baignant de leurs ondulations dorées le sombre feuillage qui couvrait les racines grimpantes des lierres.

A cette vue, il ne fut plus possible de reconnaître la froide et paisible allemande. Dame Dorothée courut vers sa fille adoptive du même élan que la plus tendre mère. Elle s'agenouilla auprès d'elle, la reposa sur son sein, l'enveloppa de son étreinte, la réchauffa de ses baisers et de ses larmes. Sous l'influence de la douce chaleur qui s'épanchait sur elle, Marthe rouvrit un moment les yeux. Son regard terne rencontra celui de sa gouvernante sans rassurer sa tendresse ; sa bouche s'ouvrit sans articuler un son. Elle ne put que montrer du doigt la lettre qui était demeurée à terre, et que le vent avait transportée à quelques pas d'elle. Puis ses paupières se refermèrent lourdement, et elle retomba dans les bras de sa nourrice, pour ne se réveiller que sur un lit de souffrances, dans le délire d'une maladie mortelle.

Ce fut le bon curé qui ramassa la lettre. Elle était de Hanz, et voici ce qu'elle contenait :

« Quand ces lignes vous seront parvenues, Wilhem, sans nul doute, aura cessé d'exister. Il suffira, pour vous l'attester, de la présence de ce bijou qui, m'a-t-il dit, serait un témoignage convaincant pour votre douleur. Maître Bolhmann, votre candide Wilhem est un sot ; il a pris la vie au sérieux et ses promesses à la lettre, bien que je lui en aie dit. Une affection trompée l'a conduit à la fièvre qui l'emporte ; et certes, il n'est femme en ce monde à qui je fasse jamais tant d'honneur. Concluons, maître Bolhmann, qu'il ne vaut rien de s'isoler de la vie réelle, qui

n’est pas au sein de la poétique nature, mais bien
dans les coulisses du monde. Parlez-moi des pen-
seurs, et non pas des rêveurs ! Ma foi, pour un
imbécile, Wilhem n’est pas trop à plaindre, et tous
les héros de roman voudront lui ressembler. Il meurt
avec ses illusions. »

Le bon ecclésiastique tint longtemps cette lettre
entre ses mains. Il la relut plusieurs fois avant de
se rendre au témoignage de ses yeux. L’homme de
Dieu, habitué aux réflexions pieuses, à la béni-
gnité de l’Évangile, était mal habile à pénétrer le
sens de ce langage sceptique où sifflait l’ironie,
où débordait le dégoût. Hélas ! c’était donc avec
cet amer cynisme d’un cœur blasé qui n’attend plus
rien des jours qu’il a escomptés à l’économie de
la Providence, c’était avec cette indifférence dédai-
gneuse que l’ami qui l’avait égaré parlait de Wilhem,
de son dernier moment, de son dernier souvenir !

Depuis le jour où l’Esprit-Saint avait soufflé dans
l’âme du prêtre les grâces du sacerdoce, le saint
ministre, fidèle aux devoirs de sa vocation, avait
rompu les liens qui l’attachaient à la terre. Cependant il avait aimé tendrement depuis, Marthe et
Wilhem, bien que cette tendresse demeurât subor-
donnée en lui, comme toutes choses, à la volonté du
Seigneur. Le cœur de l’homme, en ce moment,
s’agita sous l’habit austère du prêtre. Le digne pasteur songea qu’il ne devait plus revoir ce cher enfant
perdu pour toute cette vie, et il se recueillit un
instant pour pleurer, en se reprochant ces larmes,
les premières, les seules, peut-être, qu’il eût laissé

couler sans que l'amour de Dieu ou le zèle de sa gloire en fussent l'objet exclusif. Il pleura, tristement assis sur le banc de pierre, où autrefois, après le repas frugal, pendant les douces soirées d'été, tenant Wilhem sur ses genoux, il enseignait à l'enfant les merveilles de la bonté de Dieu, et les mystères de grandeur et d'amour qu'il a mêlés aux fins immortelles de l'homme. Qu'étaient devenues ces salutaires leçons? Tous les trésors d'affection, de candeur, de sagesse que le Seigneur avait déposés dans son âme, comme des parfums printaniers dans un vase précieux, Wilhem avait dépensé tout cela dans les voies folles de la perdition, et à leurs buissons fangeux il avait laissé les lambeaux de sa robe d'innocence. Pauvre, pauvre enfant! sur le grabat isolé où le bon ecclésiastique le voyait dans sa pensée expirant, peut-être le doute, appelé par la désespérance, avait-il lutté dans son cœur avec les croyances de son berceau! Malheureux Wilhem! l'ange du repentir était-il venu tardivement s'asseoir au chevet abandonné de son agonie? Les souvenances de ses beaux jours, comme des ombres amies, étaient-elles apparues à ses derniers regards? Son âme, emportée par l'appel du Souverain Juge, s'était-elle envolée sur les ailes confiantes de la prière? Le prêtre pleura longtemps. Il offrit à Dieu, pour la pauvre âme, ces longs labeurs de sa vie de sacrifices, ses cheveux blanchis dans les austérités du devoir et de la pénitence. Puis il se releva et essuya ses yeux. Maître Bolhmann, par quelques mouvements, témoignait qu'il revenait à lui, et le docteur tâtait son pouls en silence. Le vénérable curé referma la lettre de Hanz, la cacha soigneusement dans sa soutane, puis il s'approcha de son ami :

— Qu'il ignore toujours ce nouveau malheur, dit-il ; que, jusqu'à son dernier jour, il garde l'espérance.

XI

Un an s'était écoulé.

Un dernier jour d'avril, le soleil du printemps laissait tomber sur les collines des rayons semblables au sourire des convalescents. Le feuillage naissant frémissait sous le vent léger du matin, et les premières fleurs encensaient le ciel bleu. Tout souriait, tout inspirait le bonheur. Sur la route, les laboureurs se croisaient gaîment, portant la faucille ou conduisant leurs chariots. Seule, une pauvre malade, appuyée sur un bras fidèle, regardait sans espérance les champs tapissés de blé vert, et les poiriers en fleurs qui blanchissaient l'horizon. C'était là Marthe Bolhmann ; Marthe, la riante enfant des vallées, que dépassaient à chaque instant les vieillards octogénaires, que les amis familiers de ses jeunes années revoyaient sans la reconnaître. A peine, de temps en temps, un chien de ferme qui souvent s'était mêlé à ses jeux enfantins venait-il flairer ses vêtements et lécher ses mains pâles. Une fièvre maligne, et la consomption qui marchait toujours, avaient en ce peu de temps fait un fantôme gracieux de la plus fraîche jeune fille des campagnes de Bade. Sur ses lèvres sans couleur et sans mobilité, la ligne exquise de la bonté trahissait seule encore le battement du cœur ; et au fond de ses yeux, agrandis par la transparente maigreur du visage, on ne retrouvait la vie que dans le reflet lointain d'une âme qui brisait ses liens un à un.

Pour la première fois depuis un an, Marthe revoyait les prés verdoyants, les fleurs entr'ouvertes. Pour la première fois, les oiseaux redisaient à ses oreilles leurs chants nouveaux, et cependant il n'y avait pas dans ses yeux l'étonnement joyeux que témoignent les convalescents à leur première sortie. Elle regardait toutes choses longuement et tristement comme on suit des rivages chéris auxquels nous arrache un courant trop rapide. Elle écoutait avidement, ainsi qu'on prête l'oreille à des bruits aimés qui s'éloignent. C'était un spectacle douloureux, et le jovial M. Kreutzer, qui soutenait les pas de la jeune malade, n'y pouvait tenir lui-même. Le sourire, si habituel à ses joues épanouies, était absent ce jour-là, et souvent il se détournait pour essuyer une larme furtive, car le bon docteur ne s'abusait pas d'un espoir inutile, quant à l'état de la pauvre jeune fille. L'amitié qu'il avait vouée à l'honorable famille, amitié que chaque jour fortifiait et que resserrait un mutuel échange de bons offices, ce sentiment surtout dont Marthe était l'objet, et tout composé de vénération tendre, de dévoûment et d'intérêt, ne l'aveuglait pas sur la triste vérité. Toute sa science avait inutilement lutté contre la maladie opiniâtre ; il en avait amèrement suivi les progrès, et il savait bien qu'il assistait à la lente agonie de cette douce et patiente enfant, qu'il eût voulu sauver de toute son âme. Chaque fois que cette pensée contristait son esprit, M. Kreützer sentait ses yeux mouillés de pleurs, et il n'était pas toujours assez habile pour refaire son visage en présentant un sourire contraint à la perspicacité de Marthe.

Non loin de la fontaine il y avait, au bord de la route, un petit tertre de gazon qu'un gros orme couvrait de son ombrage encore insuffisant. Marthe y attira doucement M. Kreützer.

— Docteur, dit-elle d'une voix faible, mais toujours claire, reposons-nous un moment ici. La course sera encore longue avant que nous atteignions le presbytère, et vous me rendriez responsable de la fatigue que j'en aurais... Mais qu'avez-vous donc ? il me semble que vous pleurez...

M. Kreützer secoua vivement la tête pour chasser de son visage la tristesse qui lui venait de son cœur.

— Moi, moi, dit-il, avec un brusque sursaut, vous rêvez, Marthe. Est-il donc bien affligeant pour un médecin de réconcilier une aimable malade avec la vie, de suivre les progrès d'un rétablissement si désiré. Si je pleurais, ce serait donc de joie.

Et le brave homme faisait taire sa conscience, pour s'empêcher de rougir.

Marthe ne répondit rien. Un sourire plein de douceur et de mélancolie passa rapide sur ses lèvres. Les précautions de M. Kreützer ne trompaient pas sa clairvoyance ; mais elle n'en laissa rien paraître. Elle tendit au docteur sa main blanche et décharnée, pour le remercier de la délicatesse de ce mensonge. M. Kreützer se sentit vaincu en générosité.

Après un silence, la jeune fille reprit :

— Mon idée, docteur, a dû vous paraître bizarre. Aller tout droit au presbytère, dès une première promenade, c'est bien un peu de témérité. Mais aussi, ajouta-t-elle plus bas, si c'est une dernière sortie, elle ne saurait être trop longue.

M. Kreützer sembla n'avoir entendu que ce qui lui avait été dit clairement.

— Je me suis étonné, en effet, répondit-il, que vous eussiez choisi cette route sablonneuse au lieu des sentiers de gazon qui bordent la vallée et le ruisseau où se mirent les saules. Mais les caprices des malades sont des lois pour nous.

— Vous avez raison, docteur ; et puis il y a des malades auxquels on peut accorder tout ce qu'ils demandent.

— Il vaudrait mieux qu'ils fussent tous raisonnables, continua le bon docteur, en laissant tomber, sans les relever, les dernières paroles de Marthe. Mais puisque cela ne se peut, il faut bien en prendre son parti.

— J'ai désiré que ma première visite fût offerte à Dieu, et que la seconde fût pour notre saint pasteur. C'est lui qui m'a appris à prier, docteur. Car, le

savez-vous? j'étais orpheline, dès mon enfance. Il y
a longtemps que ma mère m'attend là-haut !

Un embarras mêlé de tristesse était répandu sur
la bonne figure de M. Kreützer. Il était à bout de ses
généreux artifices. Marthe le devina, et elle le prit
en pitié. Elle s'appuya sur son bras, et se leva lourdement pour reprendre sa route. M. Kreützer suivit
machinalement son mouvement, et tous les deux ils
continuèrent leur chemin.

Le bourg n'était plus qu'à peu de distance, et l'on
apercevait au détour de la route qui montait en ligne
courbe, une partie du vaisseau noirci de l'église, à
demi-caché en été par les grands arbres du presbytère. C'était la fête patronale du lieu. Déjà, quoiqu'il
fût encore bien matin, les petits marchands forains
étalaient sous les ombrages naissants leurs boutiques
ambulantes, ornées de papier doré et de divers
emblèmes en guise d'enseignes. A tout moment,
sortaient des fermes voisines des paysans dans leur
costume du dimanche, de fraîches et pimpantes villa-
geoises ajustées du surcot de drap fin, et parées de
leur croix d'or, présent héréditaire des fiançailles.
Marthe souriait à celles qui la reconnaissaient encore
ou leur rendait le salut comme aux jours brillants
de sa santé. C'était toujours la même grâce, moins
cette aimable mutinerie que quelques jeunes filles
gardent de leur enfance, et cette gaîté communicative que donnent aux autres le bonheur et la santé.

Tous ces apprêts frappèrent enfin M. Kreützer.

— Marthe, dit-il à la douce malade, je l'avais
oublié, c'est aujourd'hui la fête de notre vénéré

patron, et ceci ne manquera pas d'égayer notre promenade.

— Pour ma part, je m'en suis souvenue, docteur; et c'est à dessein que j'ai mis cette belle jupe d'indienne fine que mon père m'acheta, il y a quatre ans, à la foire de Forbach. Il aimait à m'en voir parée le dimanche. Pauvre bon père! Il ne tardera pas à nous rejoindre, n'est-ce pas, M. Kreützer?

— Maître Bolhmann sommeillait encore tout à l'heure; mais, vous le savez, Marthe, dame Dorothée ne manque pas plus de vigilance que de mémoire. Elle ne perdra pas cette occasion de déplier sa belle mante noire et d'étaler au grand jour sa coiffe de dentelle et sa petite chaîne d'or. La digne femme! Il y a si longtemps qu'elle n'a sorti de l'armoire toutes ses richesses!

En parlant ainsi, le docteur et la jeune malade étaient arrivés au bourg. Marthe s'arrêta à la porte du presbytère, et elle quitta le bras de M. Kreützer. L'intelligent docteur comprit qu'elle voulait être seule. Il s'éloigna à pas lents, et tourna ses pas vers la place, où s'ouvrait l'humble portail de la vieille église, paré de fleurs fraîchement cueillies. Il alla rêver sous la feuillée nouvelle qui encadrait la verte pelouse où les jeunes filles du village se réunissaient déjà pour attendre la procession qui devait précéder la messe paroissiale.

Marthe suivit quelque temps des yeux son fidèle ami, en lui adressant des signes gracieux d'intelligence. Puis, elle souleva, non pas sans effort, le lourd marteau de la petite porte du presbytère. Carl

Reimberg vint lui ouvrir. Dame Marguerite, la vieille gouvernante du vénérable curé, était assise sur l'herbe dans le jardin, au milieu de quelques bambins du voisinage qui l'aidaient à tresser la guirlande qui manquait encore à l'ornement du maître-autel. Ils dépouillaient de leur tendre feuillage des branches d'orme et de chêne cueillies dans la vallée, et le mêlaient à la sombre verdure du lierre.

A la vue de Marthe, si pâle et si languissante qu'elle se soutenait à peine, dame Marguerite se leva effrayée et courut au-devant d'elle, bien que l'ouvrage pressât, car l'heure de la fête approchait.

— Par ma sainte patronne! Est-ce bien vous que je vois, mademoiselle Marthe, ou bien rêvé-je par hasard en plein jour? Vous êtes plus pâle que le spectre de dame Hollé[1]. Et comment notre docteur, dont la prudence est si renommée, vous a-t-il laissé sortir en cet état?

— N'en accuse que moi, Gretchen; je l'ai voulu, répondit Marthe en souriant avec mélancolie. Tu sais que je suis une enfant gâtée, et qu'on ne gagne rien à me résister. Bonjour, Carl, comment vont tes enfants? Et ton petit Fritz, veut-il toujours être apprenti chez le maître tonnelier de la ville?

---

(1) Dans la montagne du Meissner, dans la Hesse, il y a une grande mare d'eau toujours trouble que l'on appelle *Frau-Hollen-Bad*, le bain de dame Hollé; cette mare et la montagne sont peuplées d'esprits. La dame *Hollé* se montre souvent, vers l'heure de midi, au bord de l'étang, sous la figure d'une belle femme blanche. C'est elle qui brouille les quenouilles des filles paresseuses, qui récompense les filles sages, et qui répand dans les campagnes la fertilité, ou quelquefois la terreur, en se montrant à la tête d'une armée furieuse.

En disant cela, la douce jeune fille caressait légèrement les cheveux blonds d'un petit garçon de huit
à neuf ans, qui, sur l'ordre de son père, était venu
en boudant lui baiser la main. Puis, s'arrachant à
l'aimable tableau qu'elle avait sous les yeux, elle
gagna une porte basse qui donnait entrée dans l'église, et qui n'était ouverte qu'aux jours de grande
fête pour faciliter la sortie des paroissiens. L'église
était encore déserte, et le sacristain seul allait et
venait, disposant les cierges et l'autel pour le saint
sacrifice. La massive statue de la sainte Vierge, descendue de son piédestal, et couronnée des premières
roses de la saison, attendait sur son brancard orné
de franges d'argent, les quatre vigoureuses jeunes
filles choisies pour la porter en tête du cortége; et
la bannière angélique, laissant traîner derrière elle
ses rubans azurés, demeurait dans l'immobilité, à
l'ombre d'un pilier. Marthe sentit son cœur se serrer
à la vue de toutes ces choses. Que de fois, aux jours
de son bonheur, elle avait quitté les jeux de l'enfance, pour venir prendre pieusement sa place à la
procession! C'était elle, qui, la première avec Rosa
Dorhmer, son amie d'enfance, portait les rubans du
saint étendard. — Et Wilhem! Il était un temps où,
lui aussi, en habits de fête, il suivait silencieusement,
parmi les enfants de son âge, les jeunes filles vêtues
de blanc. O les beaux jours! C'était en vain que les
rivages fuyants de la vie les emportaient loin d'elle!
Toujours ils étaient près de son cœur. Hélas! à présent, Rosa n'était plus. Pendant un doux sommeil,
les anges avaient ravi son âme. Wilhem, cette chère

moitié de son existence, l'attendait au ciel depuis un an. Et elle-même, arrivée au bord de la tombe, elle voyait exaucée sa plus chère espérance. Elle allait rejoindre le frère ingrat qui avait pu quitter la vie sans elle et loin d'elle.

Marthe, à ces pensées, tomba agenouillée sur la pierre, la tête dans ses mains ; et, à l'insu d'elle-même, elle pleura amèrement. Pourtant, elle était heureuse. Elle brisait doucement ses derniers liens terrestres, et son âme s'exhalait de son corps languissant, ainsi que les parfums quittent la rose flétrie. Comme la vierge d'Israël pleurait sur la montagne la fleur de sa jeunesse avant de la livrer au couteau de l'immolation, ainsi Marthe pleurait passagèrement sur elle, et sans se douter seulement qu'un regret pût se mêler à son sacrifice volontaire. Cette vie, dont elle portait depuis longtemps si péniblement le poids, se faisait plus belle, plus libérale, plus caressante, au moment de lui dire un éternel adieu. Sous ces voûtes froides et sévères, l'appel joyeux du printemps arrivait jusqu'à son cœur, et des bruits de fête frappaient ses oreilles. Mais ce ne fut que l'illusion d'un instant. Marthe ferma son âme aux bruits du dehors, et aussitôt elle y sentit renaître l'esprit de résignation, le saint renoncement ; et le doux cortége des vertus chrétiennes y rentra pour lui faire escorte devant Dieu.

Quand la jeune fille eut cessé de prier, elle entra dans une vieille chapelle abandonnée, attenante au chœur, et qui, depuis plusieurs années, ne servait plus au culte que comme une dépendance de la sacristie. Le digne pasteur se retirait ordinairement en ce lieu pour s'y préparer à célébrer les mystères divins. Marthe pensait l'y trouver ; elle ne se trompait pas. Le saint vieillard y achevait en ce moment sa prière, et en se relevant il rencontra son enfant bien-aimée qui venait à lui. Il fut saisi d'un effroi paternel. Marthe, en effet, offrait l'image d'une statue animée ; le souffle ne passait plus que rapide et inégal sur ses lèvres décolorées. Le bon prêtre attendait en silence qu'elle parlât pour être assuré qu'elle respirait.

Marthe Bolhmann reposa sa tête sur le sein du vénérable confident de sa vie, et une grande joie, une paix ineffable l'environna. C'était seulement là qu'elle pouvait s'épancher. Devant l'homme de Dieu, plus de ménagements humains, plus de ces réticences imposées par les délicatesses mêmes des plus saintes affections. Il y a tant de bonheur à verser dans un cœur droit et pur les agitations du nôtre ! On se sent si à l'aise dans les voies larges et sereines de la vérité immuable !

La stupeur douloureuse du bon ecclésiastique n'avait cependant pas échappé à la jeune malade ; car elle sentait doublement, si l'on peut parler ainsi, et c'est avec beaucoup de justesse que l'on compare vulgairement aux vives lueurs d'une bougie qui s'éteint, ces derniers jets de la vie dans quelques malades.

— Oui, mon père, c'est moi, dit-elle, en relevant doucement la tête, après ce mouvement d'expansion. Le Seigneur m'a donné du courage, et j'ai voulu revoir une fois encore nos montagnes, nos prairies émaillées, avant de les quitter pour toujours. J'ai voulu dire un dernier adieu à cet autel, et vous confier ici mes pensées dernières.

— Marthe! mon enfant bien-aimée! s'écria le vieux prêtre les yeux pleins de larmes, ne parlez pas ainsi. Où serait la vie, sinon là où est la jeunesse? O ma fille! l'espérance vous parle par toutes les voix de la nature; elle descend vers nous jusque dans ce joyeux rayon que le soleil nous envoie. Et vous songez à mourir?

Marthe regarda le vieillard d'un air de doux reproche.

— Hélas! dit-elle, vous aussi cherchez à m'abuser. Oh! pourquoi donc tromper l'enfant qui va mourir? Pourquoi la retenir malgré elle à l'avenir qu'elle sent lui échapper? Mon père, écoutez-moi. Cette heure est précieuse et solennelle. Ne perdez pas, à me persuader, des instants qui me sont comptés. Oui, je sens que la vie s'efface autour de moi. Chaque jour notre beau ciel me semble plus terne; chaque jour les fleurs pâlissent sous mon regard. Et c'est pourtant sans frayeur et sans regret que je vois approcher le moment qui me réunira au frère que j'ai aimé uniquement. Puis-je me plaindre à Dieu, comme d'un mal, de ce que je lui ai demandé comme une grâce?

Le bon ecclésiastique épuisait ses forces à contenir son émotion. Marthe s'en aperçut, et elle reprit:

— Je sais bien que je ne verrai pas l'anémone refleurir dans nos bois odorants, et que l'hirondelle

ne suspendra pas à ma fenêtre son nid mystérieux.
Le soin que l'on prend à me détourner de ces pensées, les craintes que je surprends et qu'on me
cache, tout me l'assure ; et vous-même, mon père,
vous ne me consolez qu'en pleurant...

Le prêtre comprit que l'esprit de sagesse inspirait
les paroles de Marthe, et il renonça à lui déguiser
plus longtemps la triste réalité Il laissa éclater la
tendre pitié qui remplissait son cœur.

— Oh! mon Dieu, dit-il parmi les sanglots, ai-je
donc mérité cette épreuve? Verrai-je ainsi mourir
tous ceux que vous m'avez donnés à conduire et à
aimer? Malheureux que je suis! Vieux et plein de
jours, je n'ai pu racheter au prix de mon existence
flétrie ces victimes tendres et délicates, marquées
pour la tombe! J'ai prié, Seigneur, et ma prière ne
les a pas sauvées? Suis-je donc, hélas! un serviteur
inutile? Et cependant, que votre volonté sainte s'ac-
complisse!

Et baissant la tête, il pleura abondamment.

Marthe fut émue de pitié devant cette douleur dont
elle était l'innocent objet. Avec le naïf empressement
de l'enfance, elle prit son mouchoir blanc, et se mit
en devoir d'essuyer le visage du pauvre prêtre, tout
ruisselant de larmes. Puis, elle lui dit :

— Ne pleurez pas sur mon sort, ô mon père bien-
aimé! Il est doux et désirable. Je vais chercher là-
haut le bonheur dont ici l'ombre seulement a passé
près de moi. Ne craignez pas ; quand j'aurai retrouvé
Wilhem, mon âme descendra vers la vôtre, et elle
l'emportera sur de beaux nuages d'or et de pourpre

comme ceux que nous admirions ensemble, à l'horizon, à l'heure où le soleil descend derrière les montagnes ; vous le rappelez-vous ?

— Et votre père, Marthe, ne lui laisserez-vous pas un regret ?

— Mon père ! mon père tendre et vénéré ! Oh ! oui, murmura la pieuse enfant avec une incomparable douceur. J'aurais dû demeurer avec lui, ou l'entraîner avec moi. Mais Dieu m'appelle seule, et sa voix est plus forte que notre volonté. O prenez soin de lui quand je l'aurai quitté ! Je prierai pour que les jours de votre exil soient abrégés à tous deux. Je me souviendrai aussi de Dorothée.

Marthe parla ainsi encore quelque temps. Puis elle s'agenouilla aux pieds du prêtre. La main sacerdotale s'étendit sur sa tête inclinée, et quand elle se releva, elle rayonnait dans sa pâleur d'une grâce et d'une béatitude célestes.

Cependant, le large beffroi sonnait lentement l'heure de la procession solennelle, et les habitants du village, fidèles à cette grande voix, entraient par groupes joyeux dans le lieu saint. Les bancs de bois bruni se remplissaient, l'autel était prêt, et les jeunes filles du bourg, vêtues de blanc et couronnées de fleurs, attendaient, rangées en silence autour du chœur sombre, l'instant de la bénédiction. Marthe sortit par le jardin du presbytère. Le soleil réchauffait de ses ardeurs printanières la terre encore humide, et cependant Marthe avait froid. Une enveloppe de glace étreignait au dedans d'elle les battements de son cœur. De temps en temps, une douleur aiguë déchirait sa poitrine, et son faible souffle luttait péniblement avec la légère brise du matin. Tout en elle disait adieu à la vie. Elle le sentait ; mais cette révélation n'amenait plus dans son âme l'angoisse et les terreurs. Ce n'était plus qu'une mélancolie douce et sereine, qui rappelait les dernières harmonies d'un beau jour. Un grand calme était descendu en elle, et un courage plus grand que le courage humain, combattait l'accablement qui pesait sur tout son être. Tel est l'effet des consolations divines sur ceux qui vont quitter la terre. Elles donnent au regret de la vie le contre-poids de l'espérance. Quand une fois l'âme humaine a entrevu le ciel, elle ne se souvient plus des joies qu'elle abandonne, ni des misères qu'elle dépouille. Et elle ne connaît encore la douleur que par les larmes que son départ fait verser.

M. Kreützer attendait la jeune malade sous les tilleuls, le long de l'église. Maître Bolhmann avait rejoint le docteur à l'aide de la fidèle Dorothée, toute rajeunie sous l'éclat de sa grande croix d'or et sous la fraîcheur de son costume du dimanche. Au milieu de la pelouse s'élevait le grand mât de fête, orné de rubans et de banderolles de couleur, au pied duquel tous les bambins du village et de ses environs, rassemblés en bandes bruyantes, laissaient éclater leur joie par des cris et des gambades de toute nature. De l'autre côté, au bord de la route, la fameuse taverne de l'*Aigle rouge* étalait aux yeux des passants le luxe de ses pots d'étain, de sa devise fraîchement repeinte, de ses tables couvertes

avec une propreté élégante, et finalement d'un riche
bouquet attaché à sa porte par de larges nœuds
écarlates. Il s'échappait même, par moments, de la
salle du bal, des chants guillerets qui faisaient désirer l'heure du bal aux jeunes filles, et qui eussent
suffi pour mettre en goguette quelques joyeux
compagnons, sans ce sentiment de piété délicate et
louable qui, dans cette partie de l'Allemagne ainsi
que dans la Flandre par exemple, retient l'expansion
de la joie publique jusqu'à ce que la religion l'ait
permise et consacrée, et tel est l'esprit des Kermes-
ses flamandes et des fêtes nationales dans les provinces des bords du Rhin.

Marthe Bolhmann contemplait sur son passage
toutes ces choses, de ce regard affectueux et triste
qu'on attache sur des amis que l'on va quitter pour
toujours. Toute pleine de graves pensées, à peine
vit-elle venir à elle M. Kreützer, cet excellent ami
que la Providence avait envoyé sur son chemin. Un
peu de joie avait passé sur le front consterné du bon
docteur à la vue de la douce jeune fille, et elle, toute
fière de ce mouvement, lui tendit de loin ses deux
mains. Ainsi que toutes les âmes d'un ordre élevé,
Marthe ne s'étonnait pas des sentiments nobles et
des grands dévouements qu'elle rencontrait; elle
s'étonnait seulement d'avoir pu les inspirer.

Le vénérable curé, de concert avec le digne
bourgmestre, avait voulu que Marthe eût la joie de
distribuer elle-même aux pauvres l'aumône qu'ils
recevaient chaque année à la fête patronale et aux
fêtes de Pâques. Quarante pains d'orge et de seigle,

qui avaient été faits tout exprès pour ce jour, étaient proprement rangés dans des corbeilles de jonc recouvertes de linge blanc, sous le plus gros arbre, devant l'église, où un siége plus commode que 'les bancs de pierre ou de bois qui garnissaient la promenade avait été préparé pour Marthe.

Tandis que l'aimable enfant présentait son front au baiser de son père, dame Dorothée, avec un saisissement douloureux, observait la décomposition rapide que quelques heures avait amenée dans les traits de la malade. Une exclamation d'amère surprise fut près de s'échapper de ses lèvres; mais elle la retint prudemment, et reçut dans ses bras la jeune fille dont les genoux s'affaissaient de lassitude. Marthe reposa sa tête sur le sein de sa nourrice, et s'endormit.

De douces visions planèrent sur son sommeil. Elle rêva qu'une puissance invisible l'arrachait à la terre et l'entraînait vers le séjour d'un bonheur infini. Des chœurs mystérieux l'appelaient; son nom retentissait parmi ces chants célestes. Et elle, suivant de toute son âme la force inconnue qui l'attirait à elle, montait, montait toujours... lorsque de ces hauteurs l'ombre plaintive de Wilhem lui apparut sur la terre, en lui tendant les bras pour la retenir. A cette vue, elle voulut descendre; mais il était trop tard... Déjà elle était trop loin. Le courant qui l'emportait venait du ciel. Il était plus fort que l'appel d'en bas, plus fort que sa résistance. Elle éprouva un moment de douleur immense, comme si un de ses membres s'était séparé tout à coup de son corps, avec un déchirement inexprimable. Puis, cet instant fut suivi d'un repos inconnu, d'une félicité où tout son être se plongeait avec d'ineffables délices ; et elle se rappela tout ce qu'on lui avait dit du ciel.

Marthe fut réveillée par un grand silence qui se fit spontanément autour d'elle, et par le son de la clochette qui annonçait la marche de la procession. Les bambins du village cessèrent leur tumulte, les commères se turent, et les groupes de causeurs s'alignèrent sous les arbres; tout le monde se découvrit et s'agenouilla.

La procession sortait de l'église. Elle descendit sur la place avec une lenteur majestueuse et recueillie qui commandait le respect et la prière. Le bourgmestre ouvrait la marche, en habits de fête, triomphalement monté sur son cheval caparaçonné et précédant la statue du saint patron. Puis venait le sacristain agitant à chaque minute sa sonnette argentine, avec une régularité ponctuelle. Les chantres le suivaient, jetant à l'espace le large éclat de leurs psalmodies. Derrière eux s'avançaient en double haie, et à l'ombre de la virginale bannière, les jeunes filles du pays, couvertes de leurs longs voiles blancs baissés sur leurs fronts candides, resplendissants de bonheur et de vie. Marthe était agenouillée, la première, sur leur passage. Quelques-unes reconnurent ce visage ami, sous les ombres de la maladie, et, à travers la fine mousseline, lui envoyèrent un sourire familier ou un doux regard plein de souvenirs et de compassion. Après les jeunes filles, les enfants de chœur, couronnés de feuilles naissantes, jetaient l'encens et les fleurs au-devant du Dieu trois fois saint, qui s'avançait en bénissant, porté par le vénérable ministre de ces campagnes. Le saint cortége était fermé par les notabilités du bourg, les fermiers les plus importants, les hommes les plus utiles et les plus estimés à cause de leur probité ou de leurs vertus éprouvées. Maître Bolhmann avait longtemps pris place dans leurs rangs. Il était heureux, alors ! Sa vue ne s'était pas éteinte dans les larmes ; de longues douleurs n'avaient pas consumé ses forces. Il était fier de Wilhem qui marchait à ses côtés ; fier de Marthe qui, parmi ses blanches compagnes, brillait des grâces les plus pures et les plus aimables. Maintenant, aveugle, infirme, il ne lui restait que ses propres souvenirs, et la vénération que son malheur non mérité avait attirée sur lui. Maître Bolhmann pensait à toutes ces choses, et comme le saint homme Job, il se dépouillait devant Dieu, et lui offrait en sacrifice le calice amer de ses douleurs.

Cependant, la procession défilait toujours. Le tintement argentin qui appelait les fidèles à la prière, s'éloignait peu à peu, et les ailes de la blanche bannière, déjà à demi-cachées par les murailles noircies de la vieille église, se perdaient au détour de la route dans les pures nuées qui s'élevaient de l'horizon sur le pâle azur du ciel. Chacun se leva et alla prendre silencieusement sa place à la suite du cortége, sans ordre, sans distinction. Les différents âges, les personnes, confondaient leurs inégalités diverses dans la foule. On eût dit, de loin, une longue nef blanche glissant paisiblement sur l'onde, et la laissant s'agiter sur sa trace en flots pressés et tumultueux.

Enfin, venaient, tout en arrière, les mendiants vêtus de longues blaudes, coiffés de chaperons et la tête recouverte, selon la coutume, d'un grand morceau d'étoffe noire, soit de crêpe, soit de laine légère, qui leur cachait d'ordinaire le visage, et qu'ils tenaient relevé en ce moment par respect. Les enfants du bourg, pour imiter leur aspect bizarre, se couvraient malicieusement la tête de leurs robes, et leur jetaient en.passant le sobriquet bien connu de *Kappen-Geeken*. Mais ceci n'était dit que bien timidement et à voix basse, à cause de la solennité de la circonstance, et surtout de la surveillance plus sévère dont les bambins étaient ce jour-là l'objet.

Les chaperons passèrent un à un, leur rosaire à la main, en s'arrêtant devant Marthe qui les suivait d'un sourire plus triste que leur misère. Mais c'était d'une main distraite qu'elle leur tendait le pain que la charité leur avait réservé. Toute la pitié et toute la commisération de son âme se reposaient sur un seul d'entre eux, qui se tenait à l'écart parmi les derniers, et semblait chercher l'ombre et l'oubli plutôt que le bénéfice d'une humiliante compassion. Lui seul était resté couvert, et nul n'avait pu distinguer ses traits pendant le court instant où il avait prosterné son front dans la poussière pour adorer.

Lorsque son tour vint d'aller recevoir le pain de l'aumône, l'étranger s'avança d'un pas incertain et chancelant. Puis, il recula comme s'il avait peur, et, par un mouvement de honte qu'il ne put retenir, il se détourna en cachant brusquement sa tête dans ses mains.

La fierté de l'inconnu avait excité la colère de ses rivaux, car la curiosité est de tous les sentiments celui qui souffre le moins les mécomptes, et déçue dans son attente, elle est implacable comme les passions.

Les mendiants se prirent d'abord à murmurer.

— C'est un étranger, dit le doyen, il n'a pas droit à la charité de nos concitoyens.

— Notre part n'est pas trop grande, murmura un autre, encouragé par ce commencement, nous la voulons toute.

— Si c'est un des nôtres, qu'il se fasse connaître ; de quoi serait-il plus honteux que nous?

— Qu'il se découvre ! qu'il se découvre ! dirent tous les chaperons ensemble ; et cinq ou six des plus braves quittèrent leurs rangs et entourèrent l'inconnu de leurs regards avides et de leurs bras menaçants ; mais lui, seul insensible à ce qui se passait, appuyé contre un arbre, demeurait immobile et dans l'ombre. Comme s'il eût été étranger au tumulte qui s'élevait autour de lui, il ne levait pas la tête, et ne cherchait point à se défendre. Cette attitude digne et calme, qui n'accusait qu'une affliction profonde, au lieu des irritations d'un amour-propre humilié, ne désarma pas la jalousie des mendiants. D'un geste plus furieux encore, ils s'avancèrent pour découvrir le visage de ce dédaigneux étranger... Quelqu'un les arrêta.

C'était Marthe. Cette fière et timide indigence avait

touché son cœur. Attirée par un sentiment plus haut que la pitié, plus doux que le respect, elle se leva émue à la fois de joie et de frayeur, courut à l'étranger, et écartant de lui les mendiants, elle saisit sa main et le regarda.

Cette fois l'inconnu releva la tête et les longs plis de laine qui l'enveloppaient s'agitèrent comme s'il avait tressailli. Marthe sentit sa main trembler dans la sienne, et elle-même, saisie d'une émotion communicative, trembla de tout son être.

Elle fut un instant à se remettre, puis dégageant sa main, elle se plaça devant l'infortuné dont elle avait défendu la fierté, et s'adressant aux chaperons d'une voix haute et sévère.

— Etranger ou non, dit-elle, que son secret soit respecté. L'hospitalité a partout ses droits et ses devoirs.

Ensuite, fatiguée de tant d'efforts, Marthe regagna sa place en chancelant, et reprit la distribution du pain que ce tumulte venait d'interrompre.

Les mendiants quittèrent à l'instant leur attitude menaçante. Ceux qui n'avaient pas encore reçu leur part passèrent devant la jeune fille, la tête baissée et le regard soumis. Puis, s'éloignant par groupes, ils s'écoulèrent lentement à la suite de la procession qui ne montrait plus au loin qu'une longue traînée blanche et lumineuse.

Bientôt il n'y eut plus personne sous les tilleuls. Carl Reimberg et sa petite famille, qui étaient restés des derniers, rejoignirent aussi la foule ; et maître Bolhmann, lui-même, voulut la suivre. Il prit, mal-

gré elle, le bras de la bonne Dorothée, qui s'éloigna à
pas lents avec lui, en faisant de la main à M. Kreützer mille recommandations à l'égard de Marthe.

Cependant, le mendiant inconnu n'était pas venu
prendre le pain que Marthe lui avait soigneusement
réservé. Plusieurs fois il avait voulu s'approcher ;
mais toujours une hésitation, que la jeune fille attri-
buait à la pudeur d'une honnête et fière pauvreté,
avait arrêté ses pas. Marthe oublia la présence de
M. Kreützer. Elle suivit son cœur qui l'emportait
au-devant de cet étranger. Elle s'approcha de lui,
et sans oser le regarder, elle lui dit :

— Je vous avais gardé le plus beau de mes pains,
mais vous n'êtes pas venu. C'est donc à moi d'aller
vous chercher.

L'inconnu demeura silencieux ; alors Marthe tira
d'une petite escarcelle de cuir une pièce de monnaie
et la tendit en rougissant à la main honteuse du
pauvre :

— Sans doute, continua-t-elle, cette misérable
offrande n'a nulle proportion avec l'étendue de vos
infortunes, car elles sont grandes, je le vois... Mais
si Dieu la bénit, elle pourra devenir féconde comme
l'aumône de la veuve de Sarepta, dont parle l'Ecri-
ture. Acceptez-la donc sans honte, nous sommes
seuls... Si la pauvreté peut faire rougir le front qui
la porte noblement, ce ne doit être au moins qu'en
face des heureux ou des indifférents de la terre.
Tous ceux qui souffrent sont égaux.

Mais l'étranger avait reculé au froid contact de
l'argent. Ce n'était donc pas là l'aumône qu'il cher-

chait. Un peu de surprise, qu'elle dissimula aussitôt, parut sur le doux visage de Marthe, et elle osa regarder avec plus d'intérêt que de curiosité celui qui refusait ainsi ses dons.

L'inconnu resta quelque temps immobile. Une lutte douloureuse se livrait au-dedans de lui. Enfin il alla vers Marthe, saisit sa main avec une pression convulsive, et s'inclinant sur cette main, ainsi que devant une chose sainte, il y déposa un long baiser, une larme furtive, puis il s'enfuit.

Mais quelque chose avait vibré dans le cœur de Marthe. Il lui semblait que la voix du sang avait parlé sous cette pression, sous cette larme brûlante. Elle retint l'étranger par un lambeau de son chaperon, et parvint à le ramener sur ses pas.

— O Dieu! dit-elle, qui donc êtes-vous?

L'inconnu obéit au mouvement de la jeune fille. Il tomba à genoux, il parla, et Marthe tressaillit au son de sa voix.

— Seigneur, murmura-t-il, vous qui connaissez le secret des cœurs, vous savez mon repentir! O qui me rendrait, au prix de mon sang, ses beaux jours et les miens, écoulés pour jamais? Vous le savez aussi, mon Dieu, je ne voulais pas troubler, même de mon souvenir, les heures de vie que vous lui avez comptées; je ne voulais que la revoir, et après, en expiation, livrer à l'oubli mon nom et ma mémoire. Vous ne l'avez pas permis, elle-même ne le veut pas. Je ne me rétracte pas, j'obéis. Faites seulement, Seigneur, qu'elle survive à cette heure-ci. Qu'elle ne meure pas de sa joie, que plutôt je meure de ma honte.

En achevant ces mots, le mendiant rejeta lentement en arrière son chaperon noir. Une chevelure
blonde, bien connue de Marthe, sortit par flots
soyeux de l'étoffe grossière, et l'étranger tourna vers
elle un visage pâle, mais jeune encore, et en ce
moment tout baigné de larmes.

La jeune malade fixa sur ce visage l'azur humide
de ses grands yeux. Comme si le doute seul soutenait
encore sa raison ou sa vie, elle se pencha légèrement,
avança, s'approcha encore... Puis, ce saisissement
inexprimable de la joie, qu'on prendrait si aisément
pour les transes de la douleur, s'empara d'elle. Ses
yeux se fermèrent, son front pâlit; mais le sourire
des anges resta sur ses lèvres. Sans cri, sans larmes,
elle étendit ses mains en avant comme vers un songe
qui fuyait, les promena un instant sur la tête du
jeune homme, et tomba suspendue à son cou.

— Wilhem! dit-elle, ô parle, parle encore!

— Ma sœur! mon unique amie! Dieu m'a donc
pardonné, puisque tu me reconnais! Oh! renais,
reviens à toi! Ce Dieu de bonté, qui a fermé pour moi
la tombe entr'ouverte, peut ajouter à la vie qu'il t'a
mesurée, de longs jours de tendresse et de bonheur.
Si pour moi, coupable, il a fait un miracle, que ne
fera-t-il pour toi, innocente? Ma sœur, souviens-toi
des jeux de notre enfance. Viens, nous irons encore
cueillir ensemble le bouton d'or dans les prés. Nous
irons écouter le doux ruisseau qui murmure sous les
saules, et les champs des oiseaux qui connaissaient
notre voix dans la vallée. Marthe, pense aux baisers
de notre père, à l'âme de notre mère qui veille sur

nous. Elle a prié, ma sœur ; à cause de tes vertus,
et de sa prière, Dieu nous a réunis pour toujours !

La jeune fille souleva péniblement sa tête. Un
rayon d'espoir éclaira son front. Sa vie sembla se
ranimer à ces souvenirs, à ces promesses de bonheur, comme la flamme qui s'éteint saisit le léger
aliment qui lui est jeté pour prolonger un peu sa
durée.

— Toujours, répéta-t-elle lentement, comme si
elle écoutait au-dedans d'elle l'écho de ce mot divin
dans son cœur.

Et puis son sourire se fondit en amertume. Elle
branla la tête doucement, posa sur son cœur ses
deux mains jointes, et regardant le ciel, elle retomba
murmurant :

— Il est trop tard... Wilhem... O mon rêve !

— Non, dit le jeune homme avec désespoir, en
appuyant sur ses genoux la tête presque inanimée de
Marthe, et en agitant ses mains pour la ranimer.
Non, non, tu vivras... pour être heureuse, pour
bénir le Seigneur... Mais quoi ! Elle respire à peine,
son pouls ne se fait plus sentir. O mon Dieu, ne
viendrez-vous pas nous secourir ?

Tandis que Wilhem parlait ainsi, M. Kreützer
était auprès de lui. Témoin discret et délicat, il avait
assisté silencieux à cette scène, et quoi qu'il eût à
craindre de son issue pour Marthe, son extrême
délicatesse avait commandé dans son âme à ses
autres sentiments. Il se baissa pour examiner plus
attentivement l'état de Marthe, prit dans sa poche
un flacon qui contenait un cordial bienfaisant, et

jetant dans le creux de sa main quelques gouttes du liquide, il en imprégna fortement les tempes, les lèvres et le pouls de la malade. Il fit tout cela sans prononcer une parole, sans jeter un regard sur Wilhem.

Après quelques moments d'attente inquiète, Wilhem et le docteur virent avec joie que Marthe ouvrait les yeux; mais c'était sans voir, comme son oreille entendait sans comprendre. M. Kreützer la souleva sur son séant, la laissa respirer quelque temps, et attendit qu'il vînt un moment plus favorable à ses forces, pour la conduire au presbytère.

Wilhem était toujours à genoux. Son front sans espérance était baissé vers la terre, son regard était morne; toute l'inertie de son attitude annonçait la désolation. M. Kreützer lui fit entendre pour la première fois sa voix. C'était celle d'un juge implacable. Il s'approcha de son oreille, et d'un accent si grave qu'il semblait descendre du ciel :

— Monsieur, lui dit-il froidement, Dieu est juste; mais ce n'est pas toujours dans nous-mêmes qu'il nous frappe. Souvenez-vous que les châtiments qu'il retarde sont les plus terribles....

Marthe ne rouvrit les yeux que pour retomber dans un long évanouissement qui dura plusieurs heures. Quand elle se réveilla de ce sommeil léthargique, elle regarda autour d'elle avec étonnement. Elle ne reconnut pas sa chambre étroite, aux murs blancs et nus, ni son lit de noyer, entouré de frais rideaux, avec son Christ au chevet, ombragé par le buis bénit. Il n'y avait pas de fleurs sur la fenêtre.

Marthe était dans la chambre de dame Marguerite,
au presbytère, où on l'avait transportée, dans l'espérance de pouvoir la ramener à la maison blanche,
aussitôt qu'elle reviendrait à elle. La jeune fille crut
d'abord qu'elle rêvait; et elle passa la main sur ses
yeux pour en écarter les images étrangères qui l'en-
vironnaient. Puis elle chercha de nouveau quelque
trace du passé, qui l'aidât à se souvenir; et elle vit
autour d'elle tous ceux qu'elle aimait. Assis à son
chevet, maître Bolhmann tenait la tête penchée sur
sa poitrine, et son front vénérable, caché dans ses
deux mains, ne montrait rien des sentiments divers
qui se combattaient en lui. M. Kreützer était de
l'autre côté, debout, et se penchant seulement par
intervalles sur le chevet de la malade pour interroger
sa physionomie. Pâle et solennel, son visage mar-
quait une profonde secousse intérieure. C'était la
première de sa vie. Son âme, jusqu'à ce jour, avait
ignoré la douleur. Dans son affliction sévère et silencieuse, il y avait quelque chose d'accusateur, un
sentiment de colère sourde et comprimée, qui ajou-
tait une souffrance de plus à ses souffrances. La
brusquerie de cette excellente nature devait se trahir
jusque dans la douleur. Au pied du lit, Wilhem,
affaissé sur lui-même plutôt qu'agenouillé, semblait
succomber sous le poids de la colère divine qui le
frappait si visiblement. Deux ruisseaux de larmes
sans-cesse renouvelées, coulaient de ses paupières
brûlantes sur ses mains jointes convulsivement. Cette
agonie déchirante d'une sœur qui mourait pour lui,
la douleur muette de maître Bolhmann, l'amer

silence du docteur, la pesanteur de ce regard qui l'accusait sans le plaindre, toutes ces choses accablaient le coupable, et son cœur même s'élevait contre lui. Une seule voix charitable parlait à son oreille de repentir et de pardon. C'était la voix du vénérable curé qui, agenouillé près de son cher enfant, tenait ouvert entre ses mains le livre des consolations éternelles. Il voulait lire; mais il ne pouvait que confondre ses pleurs avec ceux de Wilhem. Le bon pasteur retrouvait la brebis qu'il avait crue perdue, et la plus grande part de son amour était pour elle. La bonne Dorothée, retenue par le devoir auprès de maître Bolhmann, luttait dans sa douleur maternelle, contre la joie secrète qu'apportait à son cœur le retour inespéré de l'enfant qu'elle avait tant pleuré. Elle retrouvait Wilhem, mais elle perdait Marthe. Ces deux êtres qu'elle ne pouvait séparer dans sa pensée, elle ne devait plus jamais les réunir sur son sein dans le même baiser!

Les yeux errants de Marthe s'arrêtèrent sur le visage désolé de Wilhem. Alors la mémoire du cœur lui revint. Elle ne vit pas qu'on pleurait autour d'elle; elle n'entendit pas qu'on priait tout bas à ses côtés; elle pensa qu'elle était heureuse, que Dieu lui avait rendu ses beaux jours; ou plutôt, que l'abandon de ce frère bien-aimé n'avait été qu'un songe; qu'elle avait dormi longtemps, et que Dieu la réveillait.

Son premier sentiment fut une pieuse reconnaissance. Elle éleva vers le ciel son doux regard et ses mains jointes; puis elle ouvrit ses bras à son frère, et elle vit qu'il pleurait.

— Wilhem, lui dit-elle, d'où vient que tu pleures ? As-tu craint que mon sommeil ne finît pas ? Oh ! qu'il a été long et douloureux ! Nous étions séparés depuis de longues années, mon frère ! On t'avait dit mort, et je portais de vilains vêtements noirs en signe de mon malheur. Et puis, un jour de joie est venu. Je t'ai revu... Je ne me souviens plus du reste. Mais c'était un rêve, n'est-ce pas, puisque je vis encore ? Viens, mon frère ; remercions Dieu.

Wilhem laissa éclater un sanglot.

— Eh quoi ! tu pleures encore ? reprit-elle, en passant sa main caressante dans les cheveux et sur les épaules du jeune homme. Qui peut causer ton chagrin ?

L'étoffe grossière du vêtement que portait Wilhem froissa la délicatesse de son toucher. Elle considéra son frère un instant.

— Oh ! je me souviens, s'écria-t-elle, je me souviens à présent ! Hélas ! ce n'était pas un rêve. C'était la réalité. Tu nous avais quittés, Wilhem, pour longtemps, pour toujours. Je ne devais plus te revoir en ce monde. O mon frère, est-ce toi ? Suis-je au ciel, ou es-tu revenu sur la terre ?

— Marthe, dit le prodigue, en serrant sur son cœur la douce enfant, c'est moi, c'est bien moi. Dieu fut un jour sévère pour le coupable, et je crus qu'il m'appelait à lui. Malheureux, le repentir n'avait pas touché mon cœur, et pourtant j'étais content de mourir ! Ma sœur, j'avais oublié nos liens ! Mais le Seigneur fut bon ; il secourut mon agonie. Il chassa mon mal de sa main puissante, et me rendit à la vie tandis que tu pleurais sur moi. O Marthe! Dieu a fait un miracle pour me forcer à me repentir et à expier!

— Expier, Wilhem! Oh non! J'ai souffert pour nous deux! Dieu t'a pardonné. J'ai demandé pour moi les peines que sa justice te réservait, et je crois qu'il m'a exaucée, mon frère!

Wilhem continua:

— Je fus longtemps à me reprendre à la vie; et quand la santé me fut rendue, je fus semblable à un insensé qui recouvre la raison. J'eus honte de mes longs égarements, de mes maux éphémères, et alors, je compris tout mon malheur. Je vis que cette douce et paisible destinée que Dieu m'avait tracée au milieu de vous, je me l'étais fermée, et pour toujours. Je savais bien, Marthe, que tu ne demeurerais pas longtemps en ce monde après que je l'aurais quitté; et comment te détromper sans te donner le coup mortel? Il était trop tard, je le sentais; et cette pensée amenait le désespoir dans mon âme, que mes autres maux avaient trouvée résignée. La honte, des doutes affreux, la misère, tout me retenait loin des lieux où je suis né. Mais un jour, je refoulai mon orgueil et mes craintes. Je me levai, et je me dis en moi-même: — Non, non; je ne mourrai pas sans avoir revu, au moins en songe, le bonheur que j'ai quitté. Je veux que le soleil de mon doux pays se lève encore sur moi. Je veux que l'amie de mon enfance me parle encore, si elle n'est pas au ciel. Je veux emporter dans mon cœur son pardon et la bénédiction de mon père; et après, mon Dieu, l'abandon, les regrets, la solitude... Alors, je partis, et je marchai longtemps, bien longtemps. Je m'arrêtais chaque soir aux portes des villes ou dans les chaumières que je rencontrais sur mon chemin. L'hospitalité a soutenu mon courage, et je suis venu...

Le bon curé se leva, et prit Wilhem entre ses bras.

— O mon fils ! dit-il avec une tendre émotion, sois béni pour la joie que ton retour nous donne! oui, tu as agi selon l'esprit de Dieu en reprenant confiance, et en revenant parmi nous. Tes fautes sont grandes, mais la miséricorde divine attend les pécheurs. Le repentir ressemble à l'innocence, mon fils.

Marthe prit son mouchoir et essuya les larmes que Wilhem laissait encore couler.

— Tu l'entends, lui dit-elle, tes maux sont finis, et tu peux te reposer sur un riant avenir. O Wilhem, rien ne nous séparera plus, maintenant. N'est-ce pas que nos montagnes sont plus belles que les monuments des villes? N'est-ce pas que les plaisirs sont là-bas, mais que le bonheur est ici? Je te l'avais dit, Wilhem; et pourtant, moi je ne sais rien que prier et aimer.

Maître Bolhmann avait essuyé ses larmes pour écouter sa fille chérie. M. Kreützer, de son côté, la contemplait avec un ravissement ineffable. Cependant l'émotion à laquelle Marthe était livrée avait quelque chose de fiévreux qui lui faisait pressentir une crise prochaine ou un grand abattement. Le docteur s'avança vers elle pour lui recommander le calme; mais Marthe se tournant vers son père, lui dit :

— O mon père! vous souvient-il de ces tristes jours de notre solitude, de ces longs soirs d'hiver où vous me disiez : — Marthe, les heures sont lentes; ouvre le livre saint, et cherches-y les baumes qui produisent la patience? Alors, je vous lisais l'histoire du saint homme Job, et plus souvent, la divine parabole de l'enfant prodigue. O Wilhem, pardonne. Nous pensions à toi, et je cherchais sur la colline à découvrir ton ombre lointaine. Mon père, le voilà; il est revenu, l'enfant de la parabole; qu'on le dépouille, n'est-ce pas, de cette robe grossière, et qu'on lui mette la robe blanche, la robe de fête. Ordonnez qu'on lave ses pieds et qu'on rende à son doigt l'anneau. Et toi, Dorothée, réjouis-toi avec nous : pare notre pauvre demeure, où il va rentrer en maître. Fais plus riche et plus belle notre table frugale. Viens, Wilhem; pourquoi rester ici?

Et en parlant ainsi, Marthe s'appuyait sur le bras de Dorothée et descendait du lit où elle était couchée.

— Ma fille, dit maître Bolhmann, en raffermissant sa voix pleine de vibrations douloureuses, la joie épuise les forces plus tôt que la souffrance. Prends encore quelque repos. Nous retournerons plus tard dans notre maison.

— Non, répondit la jeune fille. Il doit tarder à Wilhem de revoir les lieux où nous avons été heureux ensemble. Je me sens bien, mon père, et l'air va ranimer mes forces.

Elle fit quelques pas dans la chambre, et entraîna Wilhem jusque devant la fenêtre.

De beaux nuages, chargés de pourpre et d'or, enflammaient l'horizon et descendaient derrière les montagnes. Le jour déclinant, jetait sur la verdure naissante ces demi-teintes sombres qui ressemblaient à des crêpes noirs étendus sur de fraîches parures, par une main prévoyante, jusqu'à la fête prochaine.

Marthe montra à Wilhem ces magnificences de Dieu.

— Vois, dit-elle, comme le ciel est beau. Il semble que ce printemps soit plus souriant et plus riche que les autres, pour fêter plus généreusement ton retour. Viens, nous verrons les fleurs que tu aimes se fermer sous la rosée du soir. Nous écouterons les bruits nocturnes dans l'herbe de la prairie. Mais... attends que je me remette un peu... mon père avait raison... La joie est plus cruelle que la douleur. Oh ! ne t'effraie pas, voilà que je suis mieux.

Et Marthe avança encore.

M. Kreützer pleurait abondamment. C'étaient les premières larmes qu'il versait. Il les essuya pour aller au devant de Marthe et pour la soutenir. La science a aussi sa vanité. Quand elle est sincère dans ses sollicitudes, elle a toujours quelque confiance dans ses propres ressources.

Il força la jeune fille à s'asseoir et à prendre quelques cuillerées d'une boisson calmante qu'il avait préparée. Marthe obéit ; quand elle fut un peu remise, elle prit le bras de Wilhem et celui du docteur.

— Venez maintenant, leur dit-elle.

Mais son courage était plus grand que ses forces. Sa respiration était courte et pressée, son souffle était brûlant. La crise qui devait l'emporter commença.

Cependant la vie luttait toujours en elle. Marthe se leva encore une fois pour entraîner Wilhem; mais ses genoux fléchirent sous cet effort. Elle ferma les yeux et M. Kreützer la reçut défaillante dans ses bras. Wilhem tomba à genoux à ses pieds, en les couvrant de ses baisers et de ses larmes.

— Hélas! dit Marthe, d'une voix faible et entrecoupée de soupirs, j'étais insensée... J'oubliais que je dois mourir...

— Non, non, s'écria Wilhem; non, tu vivras encore, ma sœur, ma douce amie : que le Seigneur reprenne la vie qu'il m'a rendue et qu'il te la donne. Moi, je n'ai pas mérité ses bienfaits.

— Tais-toi, dit la jeune fille mourante, en mettant sa main sur la bouche de son frère, Dieu fait bien ce qu'il fait. Il nous réunira dans un séjour plus beau que nos campagnes, plus doux que nos vallées... Ah! je ne reverrai pas nos fleurs chéries, l'arbre que tu as planté... le foyer paternel... Wilhem, tu leur porteras mon souvenir. Adieu, je voulais vivre. La vie était belle à présent... Que la volonté de Dieu se fasse!

Et s'étant redressée sur son séant, elle força Wilhem à se relever.

— Mon père, murmura-t-elle, bénissez vos enfants.

Maître Bolhmann laissa conduire ses mains, les étendit, et ne put prononcer que dans son cœur sa dernière bénédiction. Quand il eut fini, Marthe attira doucement à elle son père et son frère, et les unissant dans ses bras, elle dit :

— Mon père, votre pardon n'est pas encore descendu sur Wilhem. Je lui donne la part que j'avais de votre cœur, c'était mon plus cher héritage.... Adieu, mon père... Aimez Wilhem...

Le vénérable pasteur était derrière Marthe, elle baisa sa main.

— Vous aussi, vous étiez mon père, dit-elle. Aimez-le donc plus à cause de moi.

— Ma fille, dit le prêtre, entrez en paix dans la patrie éternelle, nous vous rejoindrons bientôt.

Marthe appela du regard M. Kreützer, Dorothée, et leur tendit la main en silence. Quand elle vit réunis autour d'elle tous ceux qui l'avaient aimée, elle leur sourit à tous, et rassemblant ses forces :

— Adieu, dit-elle... Souvenez-vous de mon nom dans la prière matinale et à la table du soir.... Adieu....

Et son âme passa sur ses lèvres dans son dernier sourire.

Le surlendemain, les jeunes filles du bourg, en longs vêtements blancs, portèrent sous les ifs du cimetière le corps de Marthe ; et les habitants des fermes voisines dirent qu'ils avaient vu le soir briller longtemps dans le ciel une blanche constellation.

Marthe était morte dans l'innocence, Wilhem mourut dans le repentir. Le même mal consuma son existence ; et quand, l'année suivante, le printemps eut refleuri dans les campagnes, le seringat odorant croissait sur leurs tombes réunies.

FIN.

LES DIAMANTS.

A

Mademoiselle Anita de Erazu.

LES DIAMANTS.

Nous causions en cercle intime, l'hiver dernier,
chez une amie, au coin du feu d'un salon de l'ancien hôtel des Gisors, une splendide habitation du
dix-huitième siècle, lorsqu'on annonça M. Arthur
de Livry, un jeune gentilhomme de notre bonne et
belle noblesse de Bretagne. C'est un spirituel cau-
seur et surtout un excellent conteur que M. de
Livry. Aussi était-il recherché dans les salons où
l'on cause encore.

— Bonjour, cher, dit la maîtresse de la maison,
qui est sa marraine, et qui nous faisait admirer tout
justement un bracelet d'un goût parfait. Mettez-vous
là, et donnez-moi votre avis à propos de cette baga-
telle, un bracelet que j'ai donné à remonter avec du
vieux strass à moi, pour un cadeau de noces.

— Châmant, châmant, chère marraine, comme
dirait un homme de lettres de ma connaissance qui
ne parle guère qu'en bâillant.

— N'est-ce pas qu'il est bien, mon bracelet? Le soir, aux lumières, cela jouera le diamant à merveille. Ce Bourguignon a un art...

— Obligeant... cela est vrai. Et à qui destinez-vous ce joli brimborion?

— A la fiancée de notre petit cousin de Rouvray, qui se marie à Blois dans huit jours.

— Quoi! c'est pour cette jolie petite Sophie que vous faites monter ce méchant strass?

— Ce méchant strass! vous êtes poli! Les débris d'un collier de cinq mille écus que mon oncle le chancelier avait glissé dans ma corbeille de mariage! D'ailleurs, depuis 1848, je porte bien des bijoux faux, moi. Et croyez-vous que Bourguignon ne travaille que pour moi?

— Je sais cela, comtesse, je sais cela, dit M. de Livry, avec un petit sourire d'une finesse sournoise. Voyons, ne vous fâchez pas. Je vous raconterai une belle histoire que j'ai recueillie à Nantes ; une de ces reliques de la mémoire à laquelle je ne songeais plus du tout, et que votre bracelet faux me remet en mémoire. Vous savez ma devise : *Rien n'est beau que le vrai, le vrai seul est aimable.* C'est pourquoi je hais les faux diamants.

— Hum! hum! fit la comtesse de Cirac. Cela n'empêche pas que vous n'ayez aimé joliment les contes de fées. Allons, cette histoire. Est-elle gaie, au moins?

— Gaie, pas absolument, madame ; mais je crois que vous ne serez pas mécontente du dénoûment. Vous allez voir.

— Alors, contez donc, dit la comtesse en arrangeant les coussins de sa chauffeuse. Nous écoutons.

— Vous savez, chère marraine, commença M. de Livry, que j'ai été élevé à Paris, où, dès l'âge de douze ans, on m'avait exilé. Mon père me retira du collége Bourbon, où j'avais à peu près terminé mes études, à l'âge de dix-huit ans accomplis, et je rentrai, chez ma mère, à Nantes, fort ignorant de tout ce qui se passait dans ma ville natale, et, du reste, fort peu instruit des mœurs de la vie parisienne, car je ne connaissais que les mœurs du collége. Mais, en revanche, j'avais des talents à ravir toute ma province : je savais nager comme un poisson, je montais à cheval admirablement, et je faisais des armes comme Gamache. Enfin, j'avais dix-huit ans, et ma mère me trouvait un cavalier accompli. Je n'en demandais pas davantage pour être content de moi, et je fus de toutes les fêtes, de tous les bals.

« Je débutai par ceux de la préfecture. J'y devins le point de mire de toute la province. On n'eut plus d'yeux que pour moi. Ma mère était fière de mes succès.

« Je fus ébloui par le luxe de bon goût et l'élégance de la toilette des dames nantaises. Une seule entre toutes se faisait remarquer par la simplicité presque austère de sa robe blanche, dont l'humilité contrastait d'une manière éclatante avec une resplendissante parure de diamants qu'elle portait, il faut le dire, avec une noblesse et une grâce exquises. Elle était blonde, jolie ; mais la pauvre femme avait plutôt l'air de s'être traînée au bal par quelque néces-

sité de position que d'y prendre le moindre plaisir.
Des douleurs cachées se trahissaient sur son front
noble et pur, et son sourire avait une réserve et
une timidité qui indiquaient une souffrance muette
et résignée. Je sus qu'elle était mariée depuis l'âge
de dix-neuf ans, et que son mari était le négociant
le plus avare et le plus positif de toute la province
de Bretagne. C'était une de ces unions mal assorties
comme les nécessités de fortune en font quelquefois.
Orpheline, et sans autre famille qu'une sœur mariée
à Paris, mais bien élevée et pourvue d'une jolie
petite dot, mademoiselle Fromont avait été l'un des
plus honorables partis de Nantes. Un armateur assez
riche l'avait demandée en mariage le premier, et
avait d'emblée obtenu sa main. Tout le monde savait
qu'il la faisait vivre pauvrement et qu'il lui interdisait les dépenses les plus légitimes. Sa position néanmoins l'obligeait à tenir dans le monde un rang honnête, et c'est par cette raison que je rencontrai, ce
jour-là, cette dame au bal de la préfecture. Mais, à
son attitude fatiguée et dolente, un œil intelligent
ne pouvait manquer de deviner toutes les luttes jour-
nalières qu'elle avait à soutenir contre le système
d'économie exagéré adopté dans son intérieur. Qui
sait ce que lui avait coûté cette pauvre robe blanche
où trois maigres volants sans garniture s'étageaient
comme par pitié, qui n'avait au corsage que de pauvres nœuds de taffetas dont le blanc mat accusait
plus d'une saison d'âge? Je soupçonnai tout cela
après un dialogue, un peu indiscret peut-être, qui
s'était établi entre une de mes danseuses et moi, et

qui me mit, en quelques mots, au courant de son histoire. J'étais bon, à cette époque, comme l'est tout être de cet âge, dont aucun vice n'a flétri la jeunesse. J'eus compassion de cette pauvre créature, et je la fis danser plusieurs fois dans la soirée, avec autant de respect que de courtoisie.

« Son mari, un brave commerçant très-épais, était dans un salon voisin, et ne se souciait guère qu'elle s'amusât ou non. Une grosse cargaison de denrées coloniales était arrivée la veille, et tous les négociants de la ville causaient là comme sur le marché.

» Il y avait cependant quelque chose que je ne m'expliquais pas dans la mise de cette jeune femme : c'était l'assortiment singulier de ces diamants, les plus beaux que l'on pût voir, avec cette toilette mesquine et souffreteuse. Entre une schottish et une valse j'en exprimai mon étonnement à la fille du préfet, de qui je tenais déjà ces renseignements.

» —Cette dame a de bien beaux diamants, dis-je.

» — Avec une bien misérable toilette, n'est-ce pas? c'est ce que vous voulez dire. Ces diamants sont des bijoux de famille qui ont plus d'un siècle d'âge. Toute la ville de Nantes en sait l'histoire ; c'est presque une pièce du musée national. Toute la ville vous dira que l'aïeule de cette jeune dame, la marquise de Lorris, les portait au mariage de la Dauphine Marie-Antoinette. La marquise les transmit à sa fille aînée, qui fut la mère de mademoiselle Fromont que vous voyez là, et qui, par suite des revers que subit sa famille dans l'émigration, fut réduite à une dot trop mince pour épouser un gentilhomme. Quant à sa fille, elle est devenue la femme de ce gros monsieur qui trône par là, le plus honnête de tous les négociants et le plus maussade de tous les maris. C'est bien malheureux pour elle.

» Cette pauvre jeune femme m'intéressa vraiment, et son histoire me fit pitié. J'avais douze ans lorsque je quittai ma ville natale pour le collége Bourbon; et j'avais dû certainement entendre parler de ces diamants historiques dans ma première enfance. Mais je n'en avais plus le moindre souvenir et j'avoue que ce récit piqua ma curiosité.

« La femme de l'armateur était fort liée avec une de mes cousines, qui était une amie de couvent à elle, et j'aurais pu me faire présenter chez le négociant; mais je ne songeais plus le lendemain à cette histoire, absorbé que j'étais par les invitations de toute sorte que recevait ma mère et où elle m'entraînait. J'en restai là quelque temps, et je ne revis madame Simonnet, c'était son nom, qu'assez rarement, chez ma cousine et dans quelques salons du haut commerce de Nantes.

» Un jour madame Simonnet amena sa fille chez ma cousine. Je l'y rencontrai; j'ai toujours aimé extrêmement les enfants, et la physionomie triste et charmante de cette petite fille m'émut et me charma.

» Un moment de petite conversation nous lia, l'enfant et moi; et tout ce que me raconta d'elle ma parente, après son départ, m'inspira pour cette chère petite une affection pleine de compassion.

» — La charmante petite fille! dis-je à ma cousine. Pourquoi sa mère ne la mène-t-elle jamais nulle part?

» — Pourquoi? elle ne demanderait pas mieux, la pauvre femme. Son mari trouve que la toilette d'une femme est déjà ruineuse. Que serait-ce, s'il fallait ajouter au budget la toilette d'une enfant de neuf ans? Vous n'imaginez pas une avarice semblable. Cette pauvre créature a bien de la patience.

» — Et bien du mérite, surtout : elle a l'air de souffrir toutes ces bizarreries avec une résignation angélique.

» — C'est la seule femme à laquelle je ne connaisse pas un ennemi. Ce qui n'empêche pas M. Simonnet de crier partout que sa femme le ruine et qu'elle le mènera à la faillite au premier jour. Mais tout le monde sait bien à quoi s'en tenir là-dessus, et M. Simonnet en est si bien devenu la fable de la ville, que, fît-il réellement faillite demain, personne ne le voudrait croire. Quant à elle, je n'ai jamais entendu la plus légère plainte sortir de sa bouche. C'est un modèle de sagesse et de délicatesse que cette femme-là. Tout le monde l'admire.

» — Vous me feriez désirer de la connaître davantage, ma cousine. Et que va devenir cette pauvre femme, quand il s'agira de donner de l'éducation à sa fille?

» — Je ne sais comme cela s'arrangera. Elle n'est pas instruite, et sous sa direction la petite fille ne pourra devenir qu'une honnête et aimable femme et qu'une excellente ménagère; mais je crois que ses ambitions maternelles visent plus haut pour son enfant. Elle n'a qu'un rêve au monde : l'avenir de cette petite. Je crois qu'elle mourrait contente si, au prix de sa vie, elle pouvait lui assurer une éducation

forte et élevée. Certainement sa patience et sa douceur ne tiendront pas devant un obstacle mis par
son mari à ses projets et à ses espérances relative-
ment à l'éducation de cette enfant.

» — Pauvre femme!

» Je fus quelque temps sans revoir madame Simonnet. Mon père m'emmena passer la saison de la
chasse dans les terres de son frère aîné, aux environs de Rennes. Je ne revins à la maison que pour
les fêtes de Noël, et j'avais à peu près oublié M. et
madame Simonnet, lorsqu'un de ces incidents, un
de ces riens qui, dans la vie de province, suffisent
pour établir entre deux familles des relations suivies,
me donna entrée dans la famille de Simonnet.

» Un beau matin, par un temps fort doux pour
une brumeuse journée d'hiver, j'étais allé dessiner
aux environs de la ville un joli point de vue que
j'avais remarqué. J'avais laissé mon cheval aux
mains de mon domestique, qui m'attendait à quelques pas de là, lorsque, par un singulier caprice de
l'atmosphère, le temps se couvrit; les rayons dorés,
qui, depuis l'heure de midi, coloraient timidement les
brouillards, se retirèrent derrière l'horizon gris et
humide. Je pressentis qu'il allait tomber de la neige,
et je ne m'en souciais guère, attendu que mon brave
Durand, un serviteur qui m'a vu naître et qui me
soigne comme une coquette soigne ses perles fines,
était amplement pourvu de manteaux, de châles,
voire de parapluies, dont on pense bien que je ne
me servais pas beaucoup à cheval.

» Au bout de vingt minutes, une bourrasque

s'éleva à l'horizon. Un vent terrible me siffla aux oreilles ; la neige tomba autour de moi en flocons énormes. Il y en avait sur le sol un tapis de deux pouces de hauteur. Je tins bon ; puis le froid me gagna. Il faisait un vent à tout renverser. J'allais me décider à plier bagage et à aller trouver Durand, lorsque je le vis accourir avec mon cheval, et m'offrant, d'un certain air de triomphe, tout le magasin de vêtements dont il avait jugé à propos de se munir. Au même instant débouchait au détour du chemin une famille de braves bourgeois qui, surpris sans doute comme moi par la rafale, regagnaient en toute hâte la ville, dont nous étions heureusement peu éloignés. Le bruit confus de deux voix arriva jusqu'à moi :

» — Je vous l'avais bien dit, monsieur, murmurait une voix douce et patiente que je reconnus bientôt. Je savais bien que ce beau temps nous trompait. Je ne crains rien pour moi ; mais si ma fille allait être reprise de sa bronchite...

» — Vous l'élevez trop délicatement, dit l'autre voix. Elle ressemblera à vos Parisiennes, avec leur taille de guêpe, leur teint de papier mâché et leur estomac du même acabit. Quand j'avais son âge, je courais déjà sur le port, des sabots aux pieds, et non pas les mains dans les poches, s'il vous plaît. Ma mère était comme vous, elle jetait les hauts cris ; mais mon père y mettait bon ordre. Et c'est à cette rude école que j'ai appris à faire ma fortune, ce qui est de toutes les sciences possibles la seule positive et la seule nécessaire...

» — Félicité! portez un peu la petite, cette enfant a de la neige jusqu'aux chevilles, et donnez-moi vos paquets.

» — Maman, est-ce que nous allons bientôt arriver? J'ai bien froid, dit une petite voix enfantine toute grelottante qui me fit compassion.

» — Pourquoi ne l'habillez-vous pas plus chaudement? C'est votre faute.

» — Tous mes châles sont sur elle; la pauvre enfant manque d'un manteau d'hiver, vous le savez bien. Vous m'avez refusé cent francs que je vous ai demandés cet automne pour sa toilette. Félicité, mettez-lui encore ceci, et ouvrez votre parapluie de cuisine; vous le fermerez à la ville, si le calicot vous fait honte.

» — Nenni, madame, grogna la fidèle servante. Si madame Durosier y trouve à redire, elle regardera à côté. J'aurions ben emporté tous les parapluies de la voisine, si j'aurions su que j'serions revenus par c'vilain chemin-là et sans la voiture.

» — Trêve d'observations, la fille! Une femme robuste comme vous doit pouvoir passer des étangs à pieds secs. Marchons, s'il vous plaît, et rondement.

» Tout le monde se tut à la rude voix du maître. Je tournai la tête et je me trouvai en face de toute la famille Simonnet, cheminant comme elle pouvait à travers cette énorme couche de neige qui criait sous les bottes du négociant et sous les semelles ferrées de la grosse Félicité.

» En m'apercevant prêt à monter à cheval, la pauvre madame Simonnet devint rouge comme une cerise. Elle avait à craindre que j'eusse surpris les petits secrets de son intérieur. J'en éprouvais autant de confusion qu'elle-même ; mais je dissimulai mon embarras sous un sourire et un salut amical, et brusquement, sans façon, j'allai à son mari, qui, quoiqu'il me reconnût très-bien, me regardait avec cette méfiance sournoise et malveillante propre à tous les avares.

» J'étais bien résolu à faire accepter à madame Simonnet et à sa fille tous mes plaids et mon manteau ; car il y allait d'un danger réel pour cette pauvre enfant. Mais je ne savais comment m'y prendre pour ne pas irriter le farouche amour-propre de M. Simonnet, d'autant plus sur ses gardes qu'il était en faute. Je redoutais encore plus de choquer la fierté naturelle de son excellente jeune femme. La circonstance était des plus difficiles et demandait beaucoup de diplomatie.

» — Bonjour, voisin, dis-je à M. Simonnet en lui prenant la main sans plus faire attention à son air rogue et peu encourageant, et d'où venez-vous comme cela ? Voici un temps bien sournois, n'est-ce pas ?

» — Ne m'en parlez pas. Il faisait le plus beau temps du monde quand nous sommes partis ce matin en caravane, ainsi que vous voyez, de la maison du cousin Bernard, dont c'est la fête. Heureusement qu'il n'est qu'à un quart de lieue, autrement il aurait fallu maintenant retourner sur nos pas, et y prendre notre dîner ce soir. Et dame ! vous comprenez : tout cela, ce seraient des consolations, des frais. On a beau n'avoir que ses parents à sa table...

» Madame Simonnet rougit jusqu'aux cheveux, et elle toussa légèrement pour interrompre son mari.

» — Et puis, continua-t-il, par ce temps-là, les voitures sont remplies ; on n'y peut trouver une place...

» — A plus forte raison n'en peut-on trouver quatre, repris-je en ayant l'air de le croire sur parole.

» La grosse Félicité fit par derrière, de l'épaule gauche, un mouvement comique en levant au ciel ses gros yeux à fleur de tête en victime résignée, ce qui me donna une envie de rire démesurée.

» — Eh ! voisin, repris-je en me contractant les lèvres, vous n'êtes pas les seuls que cette tempête subite ait surpris. Comme un téméraire j'avais entrepris aussi de braver cette affreuse bise ; mais elle m'a forcé à lui quitter la place ; je me hâte sagement de lui tourner les talons.

» Pour un étourdi de vingt ans, je ne m'y prenais pas trop mal, car M. Simonnet s'adoucissait visiblement.

» —Je me serais trouvé comme vous bien attrapé, continuai-je, sans la prévoyance de mon brave Durand, qui emporte toujours dans nos excursions une foule d'objets dont je n'ai que faire. On n'a pas plus soin du gosier d'une prima donna.

» La petite fille toussa. Madame Simonnet tourna la tête de son côté avec angoisse et reprit le bras de son mari, comme pour l'avertir de se remettre en marche.

» Je pris mon manteau et deux châles des mains de mon domestique.

» — Ceci, dis-je, est le fruit de la prévoyance de Durand, et je vous assure bien que je n'en ai que faire. Quand j'aurai donné de l'éperon à mon cheval, je n'aurai pas besoin de ce supplément de poids pour suer convenablement.

» — Abondance de biens né nuit pas, dit avec un laconisme sentencieux M. Simonnet.

» — Certes, non, voisin ; d'autant plus que l'abondance nous sert quelquefois à pouvoir obliger nos amis. Vous seriez bien aimable, par exemple, d'accepter pour vous ceci qui m'embarrasse ; car enfin, vous n'avez pas prévu mieux que moi cette affreuse bourrasque ; et madame Simonnet et sa fille pourraient bien s'en ressentir.

» — Hum !... hum !... vous êtes bien bon ; mais je vous assure que ma femme n'a pas du tout besoin de cela. Et quant à la petite, nous la réchaufferons en marchant. Rien n'est bon comme l'exercice.

» Madame Simonnet hésita un peu et rougit encore. Puis, avec un effort visible, elle me dit :

» — J'accepte votre offre obligeante, monsieur, non pas pour moi, mais pour ma fille. J'ai des craintes continuelles pour sa poitrine, et j'avoue que cet affreux temps me donne de l'inquiétude pour elle.

» Et, en disant ces mots, elle me prit des mains un châle et en couvrit soigneusement l'enfant, que le froid avait engourdie, et qui dormait penchée sur l'épaule de sa bonne.

» — Comme elle a froid ! Pauvre enfant ! dit la jeune femme avec un demi-sourire plaintif d'une

douceur extrême. Je vous remercie bien sincèrement, monsieur.

» — Je suis confus, madame, du prix que vous
voulez bien attacher à un si petit service. Si vous
voulez bien confier à ma garde votre petite fille, je
l'assiérai auprès de moi sur ma selle. Je vous assure
qu'elle aurait beaucoup moins froid.

» — Me répondez-vous d'elle ? Cela vous sera bien
difficile peut-être ?

» — Laissez-moi essayer. D'ailleurs, je réglerai
mon pas sur le vôtre, et nous marcherons de compagnie aussi lentement que vous le voudrez jusqu'à
la ville.

» Elle me remercia, la pauvre femme, avec un
regard où rayonnait, dans sa pure effusion, sa reconnaissance maternelle.

» Je montai à cheval, et je pris la petite fille des
mains de Félicité, qui me regardait aussi d'un air
pénétré.

» Je fis un abri de mon manteau à la pauvre
innocente, qui se blottit là-dessous comme un petit
saint Cyr dans sa niche, et nous nous mîmes en
marche sans que M. Simonnet eût ajouté un mot à
ce qu'il avait dit.

» A la suite de cette rencontre et de ce service
rendu, je gagnai la haute estime et la bienveillance
de M. et de madame Simonnet, et je fus reçu chez
eux à titre d'ami. Soit que j'eusse plu au négociant,
soit qu'il ne daignât pas faire attention à moi ou que
sa défiance eût été désarmée par ma bonhomie, ma
bonne mine et ma réputation, il me reçut à mer-

veille. C'était une grande faveur, car, sauf quelques
vrais amis, quelques personnes que leur bon esprit
mettait au-dessus des petites critiques auxquelles ne
prêtait que trop le tableau de cet intérieur, par
délicatesse, madame Simonnet évitait toute compagnie oiseuse ou indifférente. Elle avait assez à souffrir de ne pouvoir cacher à tous les yeux la ridicule
avarice de son mari.

» Ainsi la robuste servante de M. Simonnet était
à son service depuis de longues années, et elle main-
tenait fidèlement l'honneur de la maison ; pourtant
tout Nantes savait que le négociant tenait les livres
du ménage lui-même, de pair avec son journal et
son livre de caisse ; qu'il chicanait sur la dépense à
propos d'un centime, qu'il faisait peser le pain tous
les jours ; enfin qu'il n'avait chez lui que très-peu
d'argenterie, quoique M. Simonnet fût déjà riche de
plus de vingt mille livres de rente.

» On avait d'abord beaucoup jasé sur toutes ces
petites misères. Finalement, la société nantaise en
avait pris son parti. M. Simonnet était un bon
négociant, un homme tranquille. Il avait, comme
on disait sur la place, les reins sûrs. En outre, il
était bon citoyen, brave homme et bon père ; on ne
savait pas trop s'il était bon époux. Il le fallait
croire, puisque madame Simonnet ne se plaignait
jamais.

» Quant à la jeune femme, il en était autrement :
ce respect, cette sympathie qu'elle m'avait inspirés
à première vue, tous les ressentaient pour elle. Sur
sa douce figure il y avait une intime souffrance non

avouée, des soucis dissimulés si discrètement, qu'on se sentait pris pour elle, dès le premier abord, de cette admiration instinctive qu'on ressent devant tout être d'une nature supérieure à celle du vulgaire. Evidemment une telle femme ne pouvait pas avoir d'ennemis. Les scandales du monde s'arrêtaient à l'entrée de son âme recueillie en elle-même. Tous les bruits de la ville, ces petites guerres de salon, ces mesquines intrigues de ménage, qui sont toute la vie d'une province, tout cela glissait sur la chaste étamine de sa robe noire. Ses oreilles délicates se fermaient à toutes ces rumeurs, comme ces fleurs qui se replient en elles-mêmes sous les vapeurs impures dont la terre charge l'air du soir. On lisait dans son regard, comme dans sa vie, cette puissance de l'irréprochable qui désarmait la méchanceté.

» Rien, dans l'intérieur de cette famille, dont tout le monde à Nantes connaissait la fortune, rien, dis-je, n'y annonçait seulement l'aisance. La famille Simonnet habitait une petite maison dont les dehors avaient au moins le mérite de ne tromper personne sur le train de vie très-humble qu'on y menait ; elle avait trois étages. M. Simonnet tenait son bureau d'affaires au rez-de-chaussée, qu'il occupait presque tout entier. Restait pour la famille le second. M. Simonnet avait trouvé moyen d'utiliser le troisième en le louant à une bonne vieille demoiselle qui prenait en même temps sa pension dans la maison et qui la payait amplement. Cette demoiselle Victoire était presque septuagénaire, borgne, et cette compagnie, réellement peu divertissante, ne

jetait pas beaucoup de gaîté dans la maison. Durant
la journée, la direction de son ménage, le soin de
sa fille, l'enseignement maternel, remplissaient doucement les heures pour madame Simonnet; mais les
soirées, ces longues soirées de l'hiver, où, au coin
du foyer, on veut trouver autour de soi des visages
amis et souriants, ces soirées étaient d'une longueur
cruelle. Au dernier coup de huit heures, Félicité
venait chercher la petite fille; madame Simonnet
se levait en silence, présentait le front de sa fille
à son mari, qui le baisait comme par routine; elle
allait mettre la petite au lit, joignait ses mains, lui
faisait réciter sa prière et l'endormait au récit d'un
conte de fée. Avant que le mariage de l'héroïne avec
le prince fût accompli, l'enfant avait fermé les yeux.
Alors la mère s'oubliait dans cette ardente prière
qui s'élève toujours du cœur des mères au chevet
de l'enfant endormi, ou bien les rêves vagues de sa
tendresse finissaient dans son imagination le conte
inachevé. L'avenir, — un avenir féerique, bien
différent de la tristesse des jours présents, — un
avenir tout d'or et de bonheur, lui apparaissait dans
la destinée de sa fille. La voix lointaine de M. Simonnet l'arrachait brusquement à ses songes, et la faisait redescendre dans le monde réel. Elle se levait
alors et reprenait le chemin du petit salon où tra-
vaillaient, à la table commune, près d'un foyer languissant, M. Simonnet, la tête plongée dans les
mémoires et dans le bulletin commercial, et mademoiselle Victoire, dont l'unique œil valide se partageait entre un vague sommeil et un laborieux

ouvrage de tricot; madame Simonnet reprenait sa couture, car elle faisait-elle-même tout le linge de sa fille. Mais la journée finissait réellement pour elle du moment où son enfant avait fermé les yeux.

» C'est dans une de ces soirées que je me présentai chez M. Simonnet, qu'on ne voyait guère chez lui que le soir. J'y accompagnais ma cousine, qui s'était chargée de me présenter. Félicité savonnait du linge dans sa cuisine : ce fut madame Simonnet qui vint m'ouvrir elle-même. En me voyant entrer après ma cousine, elle eut un petit sourire où sa mélancolie habituelle semblait se fondre. On eût dit qu'elle retrouvait un ami éloigné depuis longtemps. Le sourire de l'enfant m'avait recommandé à la mère. Nous étions, depuis ce jour-là, d'anciennes connaissances.

» M. Simonnet me reçut avec plus de cordialité qu'il n'en témoignait habituellement. Il causa beaucoup, ne me contredit sur aucun point, et, quand vint le moment de prendre congé, il me serra la main comme à un ami de vingt ans.

» Je fus confondu de sa politesse. Il est vrai qu'elle n'était pas absolument en pure perte : ma cousine était la femme du plus riche banquier de Nantes, et M. Simonnet, qui se trouvait tous les jours en relations d'affaires avec lui, devait avoir à cœur de lui être agréable.

» Quel que fût le motif de ses bons procédés, je mis une sorte de vanité à adoucir cette nature âpre et revêche. Plus tard, enfin, le mérite de sa jeune femme, la gentillesse de l'enfant, qui s'attacha à mci de la plus confiante affection, jetèrent quelque charme sur des relations qui avaient commencé d'une façon presque maussade.

» Madame Simonnet parlait peu. Elle ne mêlait jamais un mot à rien de ce que disait son mari, dont les phrases banales, brèves, saccadées, tombaient sur vous à bout portant comme les points sur les *i*, toutes par sentence. A cette première visite, je ne pus lui faire desserrer les dents qu'en lui parlant de sa petite fille ; mais aussi comme son cœur déborda, une fois parti vers ce cher objet ! La petite fille, ce soir-là, entendit, pour la première fois de sa vie peut-être, sonner la demie après l'heure du coucher à la pendule du salon, si bien qu'elle en était tout étonnée, la chère petite, et qu'elle ouvrait tout grands, pour regarder ce phénomène, ses beaux yeux bleus languissants de sommeil. La clémence de M. Simonnet n'alla pas au delà, et, quelques minutes après, il sonna la bonne pour emporter l'enfant. La mère se leva pour nous présenter sa fille, qui me traita comme un ami ; puis, fidèle à ses habitudes quotidiennes, madame Simonnet nous fit ses excuses, et suivit la bonne et l'enfant. Elle revint assez à temps pour nous reconduire.

» Depuis lors, je retournai souvent dans la famille Simonnet. Ma cousine et moi, nous présentâmes ce négociant et sa femme chez ma mère, qui ne pouvait, ainsi que toute la société de Nantes, souffrir M. Simonnet qu'à cause de sa femme. Nous finîmes par nous réunir tous les jeudis soir. Le jeudi était le jour qui lui était le plus commode, et il avouait ingénument qu'il n'était pas fâché d'épargner chez lui, au moins un jour par semaine, la lumière et le feu. Quant à Félicité, il n'en fallait pas parler; c'était une de ces filles comme on n'en voit plus : intrépides au travail, dures comme le roc au chaud et au froid ; de ces filles qui seraient restées tout un an à manger du pain et des noix sèches, uniquement pour le profit de la maison, comme elles disaient. Une autre servante que celle-là serait morte chez M. Simonnet, ou bien elle n'y eût pas passé ses huit jours.

» Enfin, en peu de temps, M. Simonnet prit tant de goût à nos jeudis, où il est vrai qu'il gagnait quelquefois à mon père des sommes assez rondes au jeu, que bientôt il n'y manqua plus. Il s'installait en arrivant à sa table de piquet, et ne lâchait la partie que pour le thé.

» Pendant ce temps, les femmes et les jeunes gens faisaient cercle ; on causait, on riait, on faisait de la musique. Madame Simonnet avait de l'esprit naturel, quoiqu'elle manquât d'instruction ; mais elle ne laissait voir son esprit que dans l'intimité, et je ne m'aperçus de sa valeur réelle que longtemps après, et quand elle fut liée assez familièrement avec ma sœur, qui contracta avec elle une amitié qui dure encore. Ma sœur chantait à ravir, madame Simonnet touchait du piano ; elle l'accompagnait quelquefois. Une artiste, établie à Nantes depuis peu pour y donner des leçons de chant, nous offrait assez souvent le brillant concours de son talent; c'étaient vraiment d'agréables soirées.

» Mais abrégeons. Durant tout ce temps, la petite fille grandissait ; ses jolies tresses blondes s'allongeaient. Les couleurs de ses joues commençaient à perdre le vermillon de l'enfance, ses jolis yeux bleus devenaient tous les jours plus grands et plus curieux. L'esprit, un esprit vif, subtil, enjoué, rayonnait sur tous les traits de son visage. L'envie de savoir, cette curiosité avide et questionneuse qu'on connaît aux enfants, se lisait sur son front plus que sur aucun front de son âge. C'était réellement une ravissante petite fille. J'assistais au premier développement de son intelligence avec une sorte de joie. C'était comme une amie, comme une sœur, qui grandissait pour moi et à mes côtés. Et puis, j'étais pour quelque chose dans sa première éducation. J'avais aidé madame Simonnet à mettre en valeur cette jeune intelligence, et j'avais fini par m'intéresser réellement à ma tâche. Nous prenions nos leçons en cachette de M. Simonnet dans la pièce la plus reculée de la maison, avec de grands murs sombres, tendus de vert, et une pendule dont le son lent et argentin ressemblait à celui d'un clocher de village. Point de cheminée ni de glace dans cette pièce, que rien n'égayait, sinon le sourire de l'enfant, et deux gravures, dont l'une avait été donnée à madame Simonnet par sa sœur. Le sujet était, je m'en souviens, l'*Éducation du roi Charles VIII* : la reine Charlotte de Savoie surprise par le roi Louis XI, dans le coin le plus obscur du château d'Amboise, à faire lire le Dauphin Charles son fils. Cette figure courroucée du roi Louis XI faisait si bien penser, en effet, à M. Simonnet qu'il avait dû s'y reconnaître. Et de là venait sans doute que cette belle gravure moisissait dans ce cabinet humide, au lieu de décorer le salon. Il arriva que, comme le roi Louis XI, M. Simonnet nous surprit à lire. Le premier jour, il fronça terriblement les sourcils, et je crus qu'un orage allait éclater ; mais c'était un de nos jours de réception, et M. Simonnet avait une partie engagée avec mon père. Il se contenta de hausser les épaules en s'en allant, et de dire à sa femme : — Vous feriez bien mieux de lui enseigner à accommoder une perdrix aux choux.

» Madame Simonnet, comme toutes les personnes d'un jugement sain, et qui ont plus d'esprit naturel que de savoir, pressentait toute l'étendue de son ignorance, et elle en était plus malheureuse qu'humiliée. Elle écoutait avidement nos leçons, comme si en comprenant elle-même elle eût doublé dans la jeune intelligence de sa fille la faculté de l'entendement. J'avais deux élèves ensemble, la mère et l'enfant.

» — Oh! me disait-elle souvent, que la science est belle! Dussé-je donner ma vie pour que ma pauvre enfant n'habitât point ces ténèbres, j'en ferais avec joie le sacrifice. Je veux qu'elle ait les vertus et le savoir ; mais comment faire, mon Dieu? Mon mari ne le voudra jamais. »

« Vers cette époque, un procès de famille nous tomba sur les bras. Mon père, occupé alors à la Rochelle, où nous avions quelques intérêts, me chargea seul du soin de ses affaires à Nantes, et nos

leçons s'en trouvèrent interrompues. Je fus très-
ennuyé de ce contre-temps. Ma petite Célinie allait
avoir dix ans. Il était temps de lui donner une direction sérieuse et suivie. Madame Simonnet le sentait,
et la préoccupation où la tenaient ces idées la rendait chagrine et malheureuse. Faire élever sa fille
dans le couvent le plus obscur de Paris, si l'on voulait; mais la faire instruire comme les jeunes filles
des bonnes maisons de Nantes, tel était son rêve.

» Un matin, madame Simonnet s'arma de courage,
et elle exposa hardiment à son mari ses idées et le
plan qu'elle avait arrangé pour l'éducation de sa
fille. Aux premières phrases de sa théorie, M. Simonnet haussa les épaules, ce qui, chez lui, était toujours le signe d'un rejet sans appel; mais madame
Simonnet ne perdit pas la tête, elle continua jusqu'à
la fin. Le négociant daigna enfin, pour l'écouter,
sortir la tête des chiffres au milieu desquels il était
plongé. Ce qu'il y avait en lui de sens droit et de
sain jugement lui disait que sa femme avait raison,
et que la question qu'elle agitait était de la première
urgence, car M. Simonnet avait du bon, au fond, et
il était susceptible, comme tous les hommes, de cet
orgueil qui est la passion du cœur des pères. Mais
c'est qu'il aurait fallu tant d'argent pour une éducation !

» Après tout, qu'avait-elle besoin de savoir, pour
être heureuse, leur petite Célinie? Un mari ne se
soucie guère que sa femme sache quelque chose du
passé historique de la terre et des révolutions des
autres planètes. La science essentielle pour lui, c'est

la science de lui plaire et de gouverner sagement et
honorablement une maison. Tout le reste n'était
qu'agréables superfluités. Quant aux arts d'agrément, il n'en fallait pas parler.

» — En définitive, que sait-elle déjà? demanda-t-il
à sa femme, lire, écrire, compter? C'est tout ce qu'il
faut, madame, avec quelques bons livres. Sait-elle
coudre et marquer? Est-elle capable d'ordonner un
dîner, de régler la dépense et de faire préparer, en
cas de gala, un plat de crème? Oui, eh bien! c'est
assez comme cela. Quand elle aura une dot bien
ronde, on ne lui en demandera pas davantage ; l'esprit lui viendra toujours assez tôt. Vous ne savez
pas grand'chose ni moi non plus, ce qui ne m'a pas
empêché de faire ma fortune, et ce qui ne vous
empêche pas d'être heureuse, n'est-ce pas?

» La pauvre femme soupira ; elle ne put obtenir
autre chose de son mari. Elle lui reparla une autre
fois sans plus de succès. Désespérant de réussir sans
auxiliaire, elle supplia mon père d'employer en sa
faveur tout le crédit que ses relations habituelles
avec le négociant lui donnaient sur son esprit. On
parla le soir couvent, éducation. Ma mère connaissait les couvents et les institutions de Paris : elle
avait fait élever à ses frais une jeune cousine dans la
maison des dames de Saint-Joseph du faubourg
Saint-Jacques, qui est vraiment une maison des plus
recommandables et des plus modestes de la capitale ;
on citait encore les dames de la Miséricorde, les
dames de l'Immaculée-Conception. Madame Simonnet prit tous ces renseignements, et, de ce jour, elle

parut poursuivre une idée, un plan, dont cependant elle ne dit mot à personne.

» Enfin, M. Simonnet se résigna à un immense sacrifice. Un jour, il fut d'un héroïsme sublime. Il alla trouver sa femme et lui déclara qu'il mettait à sa disposition la somme énorme de cinq cents francs par an pour l'éducation de la petite Célinie ; qu'il y avait vraiment aux environs de Paris de fort bonnes maisons où elle pourrait être décemment élevée pour ce prix-là, qui excédait encore de beaucoup leurs moyens.

» Madame Simonnet garda, de son côté, un silence digne et froid. Elle reçut la nouvelle de ce sacrifice comme quelqu'un qui a pris son parti et qui sait d'avance à quoi s'en tenir. Quant à M. Simonnet, il crut avoir accompli ainsi, envers sa famille, toutes ses obligations dans leur plus rigoureuse acception. Il servit à sa femme, à dater de ce jour, tous les trimestres, la somme de cent vingt-cinq francs, sans plus s'enquérir du genre d'éducation que l'enfant devait recevoir pour ce prix.

» Quelque temps après, Célinie fut embarquée, avec son petit bagage, dans un waggon pour Paris. Madame Simonnet accompagna sa fille afin de la remettre elle-même aux mains des dames de Saint-Joseph du faubourg de Saint-Jacques. Nous l'accompagnâmes à la gare du chemin de fer : madame Simonnet, triste et sérieuse comme je ne l'avais jamais vue depuis le jour où je la rencontrai au bal pour la première fois, Célinie pleurant comme toutes les petites filles de dix ans qui quittent la maison de leur mère pour le sévère régime du couvent et de la pension. Ç'était moi qui portais le bagage de ma petite amie, un bagage bien léger! Deux robes de laine, trois robes d'indienne, plus son couvert d'argent et la classique timbale. La séparation fut douloureuse; Célinie m'aimait comme un frère. Elle me sauta au cou, et il me fallut un mouvement courageux pour me débarrasser de ses bras caressants. Les enfants ont un merveilleux instinct pour deviner qui les aime.

« Pour habituer sa fille aux rigueurs de cet exil passager, madame Simonnet devait rester à Paris environ un mois. Cela lui était facile. Elle y avait une sœur établie et mariée à un notaire estimé. C'était chez elle qu'elle descendait; et c'était cette sœur, en laquelle elle avait beaucoup de confiance, qui devait servir de mère à Célinie, durant les sept ou huit années de couvent qu'elle allait avoir à traverser. »

» La première année, Célinie m'écrivit des lettres navrantes. Elle ne soulagea un peu son cœur que lorsque, appelé pour une quinzaine à Paris, je l'allai chercher à son couvent pour la conduire chez sa tante, pendant les vacances de Pâques.

» A mon départ, madame Simonnet m'avait remis, en secret, une lettre-paquet, cachetée avec le plus grand soin, à l'adresse de sa sœur. Elle m'avait aussi chargé, en cachette, de toute une petite cargaison de bonbons, fruits secs, confitures, pâtes, à l'usage de la jeune exilée aux heures de goûter et de récréation; ainsi que de divers objets de toilette

d'une recherche et d'une élégance bien éloignée de
la simplicité excessive qui régnait d'ordinaire dans
son ménage. Où madame Simonnet avait-elle pris
tout cet argent? Sûrement, il ne venait pas de la
caisse de son mari. Célinie était vêtue de robes
neuves, de linge fin, propre et presque luxueux. Je
ne la voyais plus paraître au parloir comme aux
premiers temps de son entrée au couvent, et se
cacher humblement derrière ses compagnes. Ce
n'était plus la petite robe courte, au corsage étriqué
et passé de mode, avec la trace d'un faux pli qui
avait été défait à la jupe. Elle marchait de pair avec
toutes ses compagnes et n'avait plus à essuyer ces
premières humiliations qui attristent souvent toute
la jeunesse d'une enfant et froissent amèrement son
cœur. Au prix de la pension, déjà plus élevé que ne
l'avaient établi les calculs de M. Simonnet, se joignait, tous les trimestres, le prix de plusieurs arts
d'agrément . le dessin, la danse, le solfége, le piano,
plus une langue étrangère. Je n'y comprenais rien.

» Quand je revins à Nantes, j'y trouvai tout le
monde en grand émoi. Un grand personnage de
l'Etat, en tournée dans nos principales villes de
France, s'arrêtait à Nantes et y séjournait quelques
jours à l'hôtel du préfet. En l'honneur de cette visite
importante, on avait organisé un bal qui devait être
magnifique. Toutes nos dames s'empressèrent d'écrire
à Paris pour demander ce que la mode avait de plus
récent et de plus coquet. Madame Dumphty, la sœur
de madame Simonnet, vint tout exprès pour y assister avec un de ses beaux-frères. Elle avait pour sa

sœur une toilette fort simple, mais du meilleur goût;
car madame Simonnet, qui représentait un des noms
les plus estimés du commerce de notre ville, ne pouvait se dispenser d'assister à cette fête municipale.
Elle y vint, en effet, avec sa sœur; son mari les
accompagnait.

» On n'était pas habitué, à Nantes, à voir des
toilettes fraîches à madame Simonnet, de sorte que
tout le monde remarqua ce changement, et que,
le lendemain, on nè parla pas d'autre chose dans
toute la ville. On n'avait pas non plus manqué de
remarquer l'absence de ses diamants, qui auraient si
magnifiquement étoilé les nuages bleu-pâle de sa robe
de crêpe; ce qui ne l'avait pas empêchée de figurer
avec le préfet lui-même dans le quadrille d'honneur.

» Cela vint aux oreilles de M. Simonnet, qui
trouva fort mauvais que sa femme, qui avait les plus
beaux diamants de la province, ne les eût pas exhi-
bés en une si brillante occasion. Son amour-propre
en fut contrarié, et il demanda immédiatement à sa
femme la raison de cette abstention singulière.

» Elle lui répondit qu'un accident était survenu à
l'aigrette et au bracelet, et qu'elle avait envoyé l'écrin
complet, par sa sœur, au joaillier de leur famille,
pour qu'il eût à les arranger.

» M. Simonnet goûta peu cette explication. Il était
désolé d'avoir manqué cette occasion de faire éclater
les magnificences de sa maison. Durant plusieurs
jours, il fut de très-mauvaise humeur, et tint ran-
cune à sa femme. Il fallut qu'il lui vît des diamants
à la première fête, et qu'il les examinât avec un soin

scrupuleux, comme s'il eût craint que le joaillier ne les eût changés en changeant la monture.

» Madame Simonnet supporta ces années d'éloignement avec une constance héroïque dont je n'eus pas cru sa tendresse capable. Elle prouva admirablement à tout le monde qu'elle aimait sa fille d'un amour généreux et vrai, beaucoup plutôt pour sa fille que pour elle-même. Seulement, elle devint plus sérieuse et plus mélancolique que jamais. Son enfant était le seul être au monde dont l'affection pût répondre aux délicatesses de son cœur. La sollicitude bourrue et chagrine de son mari n'offrait guère de consolation à cette amère privation. Les affaires le retènaient presque tout le jour loin d'elle, et quelquefois elle eût passé seule ces longues soirées d'hiver, dont les heures sont si lentes quand elles sonnent dans un appartement silencieux, si ma famille, dont elle était fort aimée, ne fût venue l'arracher à son isolement.

» Tous les ans, à l'époque des vacances, madame Simonnet allait à Paris, où sa sœur la recevait. Elle y restait un mois avec sa fille; mais sans jamais l'amener à Nantes. M. Simonnet s'était résigné à cet arrangement pour le bien de sa fille, à qui les distractions du voyage eussent fait perdre, disait-il, le fruit de son année d'étude. Mais le vrai motif était que cela eût triplé la dépense. D'ailleurs, M. Simonnet était un homme fort, et le tracas des affaires, les préoccupations étourdissantes qui remplissaient son existence, lui rendaient moins pénible l'absence d'une enfant qu'il avait toujours peu vue, du reste.

» Cependant, au bout de cinq ans de cette vie, le négociant, qui commençait à songer à se retirer des affaires, commença à penser aussi à faire revenir à Nantes sa petite Célinie. Un intérieur sans enfants est si triste et si vide, que les êtres les plus matériels et les plus indifférents ne peuvent échapper à l'impression douloureuse que présente le spectacle de deux époux privés de cette bénédiction divine, et attendant, seuls et délaissés, la vieillesse et son dénûment. Un beau jour, une jolie lettre de Célinie, écrite d'une belle écriture anglaise propre et fine, lui tomba dans les mains. Il en fut émerveillé. Le style était charmant, point embarrassé. Il y voulut même bien trouver de l'esprit. Puis il se mit à supputer les années. Il se souvint que Célinie était partie au mois d'octobre 184..., que, partant, il y avait cinq ans qu'il ne l'avait vue ; qu'elle devait être singulièrement embellie, fortifiée, avancée ; qu'au total, il avait payé là plus de deux mille francs, et que, pour ce prix-là, sa fille devait être bonne à marier. Ce ne fut pas l'avis de madame Simonnet. Sa fille n'avait que quatorze ans et demi. Elle était seulement à l'âge où l'esprit commence, — si l'on peut parler ainsi, — à digérer les connaissances dont on l'a bourré depuis l'enfance avec plus ou moins d'intelligence et de méthode. Il fallait encore au moins deux ans à Célinie pour achever son éducation. M. Simonnet ne se rendit à ces excellentes raisons que lorsque ma mère et ma sœur les eurent soutenues de leurs instances. Il était de ces gens dont le dernier ressort est l'amour-propre.

» Il advint de là que le négociant, qui avait l'intention de se retirer des affaires, y resta encore, malgré lui, environ un an et demi. Après quoi, sur le conseil d'un de ses amis, un autre négociant, des plus considérables de la ville, qui venait de céder sa maison pour mettre presque tous ses fonds dans des opérations de bourse, dont la fureur gagnait tout le monde à cette époque, M. Simonnet vendit aussi la suite de ses affaires d'armateur, et il plaça une grande partie de sa fortune entre les mains d'un agent de change fort sur Paris. Nous nous étonnâmes de cette résolution dans ma famille, et, pour la première fois, la prudence de M. Simonnet nous parut en défaut. Mon père essaya de lui donner quelques conseils ; mais ce fut inutilement cette fois. M. Lamarre venait de gagner, à la dernière opération, cinquante mille francs, et il n'eût tenu qu'à lui de gagner davantage. En fin de compte, M. Simonnet ne courait-il pas les mêmes risques dans ses opérations commerciales ? Ce qui avait achevé de le décider, c'était justement une perte fort grave qu'il venait d'essuyer, par suite de la faillite d'une compagnie d'assurance maritime. A son avis, il ne pouvait y avoir de chances plus douteuses dans la spéculation financière, et il avait toujours de moins le souci et le tracas perpétuel des affaires, qui le tenaient tous les jours en haleine. Ses premières opérations ne lui réussirent pas moins bien qu'à M. Lamarre. Ce succès l'encouragea et nous donna tort, de sorte que, malgré sa femme et ses amis, il continua d'exposer bravement l'honnête fortune que trente années de travail lui avaient gagnée. Cette fois, il ne daigna même pas nous consulter.

» Pendant ce temps, Célinie achevait son éducation. Madame Simonnet était revenue radieuse de son dernier voyage à Paris. Son orgueil maternel, qui ne tenait en rien de l'aveuglement commun aux mères, éclatait dans sa voix, dans son regard, dans son sourire. Elle était fière de sa fille. Cela était facile à voir. Cependant la droiture de son caractère, le sentiment qu'elle avait de son ignorance, et enfin une certaine réserve délicate qui faisait le plus grand charme de sa nature, empêchaient cet orgueil de faire indiscrètement explosion. Elle attendait silencieusement l'instant réservé à son triomphe, et elle goûtait d'avance, au fond de son âme, cette admiration qu'allait exciter autour d'elle, Célinie, revenant dans sa ville natale, parée du premier éclat de la jeunesse, toute brillante de vertus aimables, de savoir et de talents. Comme elle attendait ce beau moment !

» Quelques jours avant les vacances de 185...., par une riante matinée d'été, une voiture chargée de bagages s'arrêta à la porte de M. Simonnet. Il y avait longtemps que je n'avais revu Célinie, et j'avoue que j'eus quelque peine à reconnaître ma petite amie dans la belle jeune fille brune et rose qui descendit de là avec madame Dumphty, la femme du notaire. Ces trois dernières années l'avaient changée complétement. Elles avaient adouci singulièrement le rose vif de ses belles joues d'enfant si pleines et si rebondies. Elle avaient ajouté près d'un pied et demi à sa taille, qu'elles avaient cambrée et décou-. pée à ravir. Elles avaient allongé l'ovale de son visage le plus élégamment du monde. Ses yeux, encore empreints de la candeur de l'enfance, cachaient modestement leur éclat derrière la frange de ses longs cils. Une abondante chevelure châtaine enca- drait tout cela dans les lignes pures de deux ban- deaux lisses et brillants. On devinait toutes les grâces de la femme sous cette candeur enfantine, et, sous cette modestie charmante, toute la supériorité que peut donner à une jeune personne une éducation forte et religieuse tout ensemble.

» En me voyant, Célinie baissa les yeux et rougit légèrement. Elle resta timidement à sa place, et ce ne fut que sur l'invitation que lui en fit sa tante qu'elle me présenta enfin à baiser son joli front blanc. J'étais bien un peu confus moi-même de cette présentation. Ces sept années, qui avaient ajouté seulement quelques favoris à mon visage et une cer- taine dose d'expérience à ma jeunesse, avaient fait de l'enfant une femme charmante. Je sentais surtout que ces trois dernières années mettaient entre nous tout un monde de distance. Trois ans plus tôt j'étais encore son camarade, un enfant avec elle ; et main- tenant j'étais devenu un homme sérieux, parce que la petite Célinie s'était permis de devenir une jeune fille.

» Tout en offrant mon bras à mon amie d'autre- fois, je faisais ces réflexions, et je songeais à ces vicissitudes. Je me demandais aussi quel allait être désormais le caractère de nos relations, et je regrettais sincèrement au fond de l'âme la simplicité de notre première affection, lorsque la porte de M. Simonnet s'ouvrit à notre premier coup de sonnette. Bientôt l'armateur, sa femme, la grosse Félicité, la locataire du troisième, furent devant nous dans le vestibule. La pauvre madame Simonnet, suffoquée par sa joie, faillit s'évanouir en voyant revenir sous le toit qu'elle habitait l'enfant dont elle était privée depuis si longtemps. Elle tomba dans les bras de sa fille, pâle et se soutenant à peine, tandis que M. Simonnet, moins attendri, secouait rudement Célinie, à peu près comme il faisait des poiriers de son jardin, en la retournant dans tous les sens avant de l'embrasser, pour s'assurer par sa tournure, son air de santé et son embonpoint, que les dames de Saint-Joseph lui en avaient donné pour son argent. Quand il eut terminé son inspection, il lui donna sur chaque joue un lourd baiser, et s'éloigna un peu pour la regarder en perspective avec la satisfaction d'un homme qui vient d'embellir une de ses propriétés et qui trouve qu'il a fait un bon placement de fonds. Une voisine, qui se trouvait là par hasard, faisait pendant à mademoiselle Victoire, qui était descendue de son troisième ciel, pour venir admirer la *petite Célinie* qui rentrait du couvent. Au fond, brochant sur le tout, Félicité, dans son attirail du matin, un plumeau dans une main, essuyait de l'autre, avec le revers de son tablier, les larmes d'attendrissement qui sortaient de ses gros yeux. C'était un délicieux tableau de famille.

» On ne demande pas si Célinie fut l'admiration

de la ville entière et le sujet de toutes les conversations pendant quelque temps. Tous ceux qui l'avaient
connue enfant, douce, aimable, gentille, retrouvèrent
une délicieuse jeune fille. Madame Simonnet n'avait
point d'ennemis, et la bienveillance qui s'attachait
partout à la mère ne pouvait manquer de rejaillir
sur la fille. D'ailleurs, Célinie était réellement, par
sa beauté et son mérite, si supérieure à toutes les
femmes les plus distinguées de Nantes, que l'on eût
reconnu pour un trait d'envie la plus légère critique
qui se fût élevée contre elle. On la regarda bientôt
généralement comme le meilleur parti de la ville,
non pour la fortune, qui n'avait rien d'extraordi-
naire, mais au point de vue de toutes les autres supé-
riorités qui se trouvaient réunies en cette charmante
personne.

» Il n'y avait que six mois que mademoiselle
Simonnet était revenue dans sa ville natale, que déjà
elle comptait au rang des prétendants à sa main les
jeunes gens des meilleures maisons de la province,
bien que, continuant dans sa famille le genre de vie
presque sévère qu'elle avait mené dans sa première
enfance, elle eût fort peu paru dans les salons. L'un
de ces jeunes gens, qui était mieux connu de la
famille Simonnet que les autres, fut agréé. Le bruit
du mariage prochain de mademoiselle Simonnet
circula d'abord, puis fut confirmé et finit par devenir
une nouvelle certaine, ce qui éveilla autour d'elle
, plus que jamais toutes les sympathies.

» Madame Simonnet recevait enfin la récompense
bien due à sa tendresse de mère, si active, si sincère,

si solide. Célinie avait le bonheur de son triomphe, mais elle n'en avait pas l'honneur. Tout l'honneur de ce triomphe était pour sa mère. Sa beauté à elle avait disparu ; mais elle était l'ombre radieuse de sa fille. Elle venait derrière elle comme l'auréole de cette fraîche beauté de dix-huit ans, suave comme les premières fleurs. Il me semblait que la pauvre femme avait pâli, comme si son bonheur la consumait.

» Les choses en étaient là, lorsqu'une grande nouvelle consterna la ville de Nantes. M. Lamarre, l'ami de M. Simonnet, qui avait exposé, dans des opérations de bourse, toute sa fortune, la perdit en moins de quelques semaines. M. Simonnet, du même coup, fit des pertes considérables. Il s'entêta et risqua le reste de son bien à l'insu de sa femme avec l'acharnement et la présomption d'un joueur dont le premier essai a été un pas vers la fortune. Mais la fortune n'aime pas à être tentée. Elle se vengea de cette témérité. A la dernière liquidation, M. Simonnet perdit tout ce qu'il avait exposé. D'un état de maison presque opulent, il ne conserva qu'une rente inaliénable qui lui venait de sa mère, et à laquelle il dut de se trouver encore à l'abri du besoin.

» Qu'on juge du désespoir de M. Simonnet ! Voir s'écouler ainsi une fortune édifiée sur les traditions paternelles, et amassée à force de soucis, de sueurs et de travaux ! Perdre en un jour ce qu'il avait mis trente ans à gagner ! Quel coup pour un tel homme !

» Le désespoir de M. Simonnet fut sombre et d'autant plus amer qu'il ne pouvait s'en prendre qu'à lui de ce malheur. Il y a à Paris bien des gens qui fussent devenus fous, ou se fussent tiré un coup de pistolet. Mais la folie du jeu n'avait pas encore dérangé à ce point la paisible lucidité dé son jugement, qui, avant cette campagne à la bourse, faisait de M. Simonnet une des plus solides têtes du commerce de Nantes. De plus, il avait des principes généraux de morale qui, sans être soutenus par une foi active, réglaient sa vie depuis qu'il avait atteint l'âge de raison. L'orgueil, cet orgueil tenace et méthodique des gens qui se sont fait à eux-mêmes leur catéchisme, l'eût empêché de mentir à ses principes. Il demeura comme étourdi sous une si rude disgrâce.

» Il n'osait avouer à sa femme un si grand malheur. Ce n'est pas qu'il attendît, à cette terrible nouvelle, une explosion de plaintes et de reproches. Non, ce qu'il craignait, c'était l'amertume de son silence. Madame Simonnet devait être la dernière à connaître cette affreuse catastrophe. D'ailleurs, un espoir lui restait encore. La fortune a-t-elle jamais dit son dernier mot?

» M. Simonnet avait donc encore une ressource. Cette ressource, à la vérité, soulevait bien dans l'âme de l'honnête négociant quelques scrupules. Mais, pour refaire sa fortune, tous les expédients sont bons quand ils ne sont pas absolument mauvais, et voici l'expédient auquel l'armateur songeait.

» Dans le coin obscur d'un meuble de sûreté gisaient les feux endormis des diamants de sa femme; cette belle parure héréditaire, presque historique, qui représentait dans son écrin une petite fortune, pouvait encore le sauver. M. Simonnet se souvenait à merveille que ces diamants avaient été estimés, dans son contrat de mariage, plus de cent mille francs, et il était bien convaincu, lui qui connaissait la valeur de toute chose, qu'ils valaient au-delà même de cette somme. Enlever cet écrin, courir à Paris, vendre les pierres et les faire remplacer par de beaux strass, — sous la condition que le joaillier garderait les vrais diamants quelque temps à sa disposition, pour les retrouver en cas qu'une heureuse chance remît sur l'eau la fortune compromise de la famille Simonnet, tel était le plan de l'ancien armateur. Il est vrai que le moyen n'était pas très-délicat ; mais qu'importe, si une fin heureuse venait à le justifier ? Ce ne serait pas madame Simonnet certainement qui le lui reprocherait. Et il se souciait peu de l'avis du reste du monde.

« J'ose dire, néanmoins, à l'honneur de M. Simonnet, que sa conscience condamna d'abord ce calcul et qu'il hésita quelques jours. Cependant le temps pressait. Une lettre de son agent de change l'avertissait d'une chance probable de tout recouvrer. Encore un peu de courage, encore une épreuve, et la roue de la fortune, cette roue vertigineuse aux rayons magiques, qui tourne sans relâche et qui fait tourner avec elle les destinées du monde, cette roue capricieuse pouvait l'élever plus haut qu'auparavant. Cette chimère dernière grandit à ses yeux comme un monde : il ne balança plus.

« Il s'empara donc des diamants de madame Simonnet, prétexta un voyage d'affaires qui devait le retenir quelques jours au moins à Paris, embrassa sa femme et sa fille, qui ne soupçonnaient rien de leur ruine, et partit. Il était bien assuré que personne, en son absence, n'instruirait madame Simonnet et Célinie de l'état des choses. Quelle langue de vipère eût osé venir troubler leur confiance en l'avenir et la sérénité de leur vie ?

» M. Simonnet ne perdit pas de temps. Tout plein d'espoir, il courut en descendant de la gare chez le joaillier de Paris le plus en renom, échanger promptement ces beaux diamants qui avaient fait tant d'honneur à sa fortune et à la beauté de sa femme contre la somme qui, à l'aide d'une bonne chance presque certaine, devait reconstituer sa fortune.

» Mais il s'était bien promis, — la conscience alarmée de M Simonnet avait exigé de lui ce serment, — il s'était bien promis que c'était la dernière fois qu'il risquait une opération. Une fois sa fortune refaite, plus d'imprudence, plus de coup de Bourse.

» Et, pour se fortifier dans sa vertu, il se répétait cette sage maxime, dont il n'avait oublié que la pratique : *Défiance est mère de sûreté.*

» L'ancien négociant avait la tête pleine de tout cela, lorsqu'il débarqua à la porte du joaillier qu'il avait choisi.

» Il se hâta de lui déballer les diamants, en ayant soin de dérouler en même temps, pour les faire valoir, toutes les splendeurs de leur généalogie historique.

» Le bijoutier l'écouta gravement et sans mot dire. Il examina d'abord avec un soin scrupuleux les pierres, les regarda à la loupe, ce qui étonna beaucoup M. Simonnet. Puis, il demanda la permission d'en démonter une, permission qui lui fut octroyée. Après toutes ces façons, le brave homme prit sa pierre de touche, essaya le diamant sur toutes ses faces. Puis il replaça, — toujours avec le même silence digne et froid, — les bijoux dans leur écrin ; et, le fermant, il le rendit à M. Simonnet.

» — Excusez ma franchise, monsieur, lui dit-il. Je suis fâché d'avoir à vous dire que ces diamants sont faux.

» La foudre fût tombée sur le comptoir que M. Simonnet n'eût pas paru plus paralysé. Lorsqu'il put enfin trouver des paroles :

» — Ces diamants sont faux! s'écria-t-il. Savez-vous bien ce que vous dites, monsieur?

» — Je vous ferai observer, monsieur, dit l'autre avec ce demi-sourire fin et calme des gens qui ne se trompent jamais, que j'ai passé ma vie à vendre et à acheter des diamants. L'imitation est parfaite, mais c'est une imitation. Aussi bien, si vous ne me croyez pas, vous pouvez vous adresser ailleurs.

» — Eh ! c'est parbleu ce que je m'en vais faire ! dit grossièrement M. Simonnet, qui se dérobait complétement aux lois de la civilité quand sa délicatesse était en question ou son intérêt en jeu. Par ma foi ! vous nous la donnez belle ! Ces diamants-là sont faux ! Voulez-vous nous faire accroire, par hasard, que le strass entrait dans les salons de nos rois très-chrétiens, et que tout Versailles n'y aurait vu que du feu? Au surplus, j'imagine...

» — Parbleu, monsieur, imaginez tout ce que vous voudrez, et me laissez tranquille. Il ne manque pas de bijoutiers à Paris.

» M. Simonnet sortit furieux en envoyant cet insolent à tous les diables ; et il prit sa course du côté de Bapst, le joaillier de la couronne. Celui-là devait être un oracle infaillible. Comment ne l'avait-il pas consulté directement? Chemin faisant, l'incident du bal de la Préfecture lui revint à la mémoire. Il se souvint que les diamants avaient disparu quelque temps de la maison, sous prétexte de les faire arranger. Ce n'est pas que M. Simonnet eût lieu de penser qu'ils eussent été changés en effet, et que cet impertinent pût avoir raison. Mais ceci lui revenait vaguement à l'esprit, comme une de ces lueurs importunes que l'on voudrait chasser et qui nous viennent éclairer quelquefois, malgré nous, dans une conjoncture douteuse. Sur ces réflexions, M. Simonnet entra bravement dans les magasins de Bapst. Ce fut pour entendre confirmer tout juste l'arrêt de son confrère. Le négociant sortit, non moins exaspéré que désespéré. Cela était donc vrai, et il le fallait croire ! Les diamants étaient faux ! Les deux plus grands bijoutiers de Paris ne pouvaient s'être entendus pour se tromper ou pour le tromper. Les diamants étaient faux ! Donc, plus de ressource possible ! Plus d'espoir de ressaisir au passage l'inconstante fortune ! Ce fut là comme une autre ruine pour l'ancien armateur, et il n'y pouvait croire encore, malgré l'évidence. Quoi ! sa femme, cette timide créature, qui jamais n'avait osé élever la voix contre les mesures les plus rigoureuses de son système d'économie domestique ; cette douce et blonde personne, si bien dressée depuis à l'obéissance, à l'abnégation, à la soumission la plus entière, hasarder un coup de tête si hardi ! Vendre ses diamants ! Plus de doute ; dans un de ses voyages à Paris, elle avait emporté cet écrin et elle avait fait changer les pierres par un habile bijoutier. Et lui, lui, M. Simonnet, l'homme le plus méfiant et le plus sagace de toute la province, n'y avait rien vu ! Quel tour ! Et fiez-vous donc à ces femmes douces et soumises ! Il y a quelque part un proverbe qui dit cela en trois lettres. Hein ! si l'on écoutait toujours les proverbes !

» La traîtresse ! la sournoise ! Comme elle s'était moquée de lui tout doucement ! Et quelle sotte figure elle lui avait fait faire ! Il devinait pourquoi on tourmentait moins son budget depuis quelque temps dans le ménage. C'était donc pour cela qu'au bal de la Préfecture elle s'était fait remarquer par la fraîcheur de sa toilette, — une robe de simple gaze, — mais d'une façon si élégante, que jamais M. Simonnet ne lui en avait vu de semblable, et que sûrement elle avait dû coûter des sommes folles. C'était donc pour cela que Félicité avait pour sa cuisine un parapluie neuf, et non pas en coton, s'il vous plaît ! C'était donc pour cela que Célinie était rentrée de son couvent avec un trousseau des plus complets, et plusieurs robes de soie, elle qui, en quittant la maison paternelle pour aller à Paris, avait pu emporter tout son petit bagage dans un léger foulard, noué par les quatre coins, absolument comme le grand-père Simonnet, quand il avait dit adieu à son pauvre village pour venir chercher fortune à Paris, la grand'ville. C'était donc pour cela... et mille autres souvenirs revenaient à l'esprit de M. Simonnet. Il était au courant de la situation, la lumière jaillissait maintenant à ses yeux de tous côtés. »

» On ne demande pas dans quelle disposition d'esprit M. Simonnet reprit le chemin de sa province, — s'en retournant comme il était venu, chargé de ce maudit écrin, qu'il aurait volontiers jeté par la portière du premier wagon où il monta, si ce n'eût été qu'il valait encore bien mille et quelques écus, et qu'il comptait s'en servir comme pièce de conviction pour confondre sa femme. — Pour la confondre, oui! Mais n'était-ce pas avouer qu'il avait compté sur cette ressource pour reconstituer leur fortune perdue par sa faute? Et, quoique M. Simonnet eût l'habitude d'être obéi sans réplique, et de faire accepter bon gré mal gré tous ses procédés, il ne pouvait s'empêcher de trouver que sa conduite avait eu, dans cette circonstance, un caractère d'indélicatesse choquante, qui, pour la première fois de sa vie, à ses yeux du moins, l'eût mis sérieusement dans son tort devant sa femme. Et pourtant une explication était nécessaire, car il ne savait pas ce qu'était devenu tout cet argent. Cent mille francs, une petite fortune! Ce n'était pas à quelques robes de soie et à un méchant trousseau de pensionnaire que cela avait été dépensé! Cent mille francs! Qu'est-ce qu'elle avait pu faire de ces cent mille francs-là?

» Cependant, il faut en convenir, une pensée bien autrement sérieuse venait distraire M. Simonnet des fureurs contenues qui grondaient sourdement en lui à la pensée des folies de sa femme : la pensée de sa ruine, terrible et navrante réalité! Un instant, l'espoir de recouvrer, en partie du moins, le bien qu'il avait perdu lui avait fait oublier que l'adversité était venue s'abattre sur sa maison. Mais, maintenant, sa dernière illusion avait disparu. Sa situation se découvrait à lui sombre et désespérée. Il songea, non à sa femme, mais à sa fille, à cette pauvre enfant élevée dans les privations de la plus stricte économie, qui avait le droit d'attendre de l'avenir l'aisance et le bien-être que les calculs sévères d'un père prévoyant et soigneux de sa fortune lui avaient refusés dans les jours monotones et tristes de son enfance. Il pensa aux projets d'établissement qu'il avait formés pour elle, — à son mariage déjà conclu et dont le bruit circulait dans la ville et faisait le tour de tous les salons depuis près d'un mois, comme une de ces nouvelles qu'on s'attend tous les jours à voir devenir officielles. — Et maintenant, plus de mariage, plus d'établissement! Il fallait renoncer à tout cela, devenir, pour les curieux et les indifférents, un sujet de fable et de moquerie; pour ses amis mêmes un objet de pitié. Voir sa fille accepter, douloureusement résignée, le dénûment et l'isolement que la pauvreté allait imposer à sa florissante jeunesse! Alors un repentir poignant saisissait le cœur de M. Simonnet, que l'infortune commençait à rendre à sa bonté native.

» M. Simonnet avait vieilli de dix ans quand il arriva chez lui. Rien n'était changé au train de vie habituel de sa maison. Tout y respirait le calme ordinaire. Sa femme était souriante et radieuse.

comme toujours, depuis que sa fille était revenue auprès d'elle. Seule, Célinie lui paraissait changée. Etait-ce un effet des préoccupations douloureuses qui remplissaient l'esprit de M. Simonnet? ou Célinie avait-elle su, par quelque indiscret voisin, le nouvel état de leur fortune? Il y avait comme une ombre sur le visage de la jeune fille. M. Simonnet voulut sonder lui-même sa fille. Il s'arma de courage et lui fit dire, après le déjeuner, qu'il l'attendait.

» Célinie descendit, sans paraître étonnée le moins du monde, de ce que son père la demandait avec cette sorte de mystère. Elle avait l'air d'attendre cet entretien. Quant à M. Simonnet, il fut intimidé par l'attitude de résolution courageuse qu'il lut sur le visage de sa fille. Du premier coup d'œil, il devina qu'elle savait tout. C'était donc l'aveu de son imprudence et de sa misère qu'il fallait faire là. Le moment en était venu. M. Simonnet le redoutait. Il hésitait; il balbutiait presque. Et ce fut sans lever les yeux sur Célinie, qu'il lui dit à demi-voix :

» — Ma fille, ma chère enfant, je t'ai fait demander auprès de moi pour te parler de l'avenir. Tu es maintenant une personne raisonnable. Je puis te parler, non comme à une enfant, mais comme à une femme Ma chère Célinie, j'ai à t'entretenir de choses bien sérieuses.

» La jeune fille fut émue du trouble qu'elle lisait sur le visage de son père. Elle l'interrompit :

» — Mon bon père, lui dit-elle, épargnez-vous l'affliction de m'annoncer les revers qui vous sont survenus et qui changent notre position. Je sais tout. Il y

a quelques jours, la nièce de M. Lamarre m'a tout
raconté, la ruine de son oncle et la vôtre, qui l'a
suivie de si près. Je n'aurais osé, la première, abor-
der en votre présence cette douloureuse question,
même pour vous offrir mes consolations. Mais, puisque vous m'en parlez vous-même, je puis vous en
témoigner tous mes regrets pour vous seul, qu'un tel
coup a dû atteindre cruellement, je ne puis en douter.
Quant à moi, vous me trouverez facilement résignée.
Je bénis le Ciel que, de tous les malheurs dont il
pouvait nous affliger, il ait daigné choisir le moindre.

» Que ce langage fût, de la part de Célinie, un
effort de générosité et de courage, ou qu'en effet elle
pensât ce qu'elle disait et ne considérât pas leur
ruine comme le plus affreux revers, M. Simonnet
n'en était pas moins étonné. Etait-ce bien sa fille,
l'héritière du nom des Simonnet, qui lui tenait un
pareil discours et lui prêchait ainsi le facile mépris
des richesses? Dans toute autre circonstance, M. Simonnet eût blâmé ce mépris irrévérencieux de l'argent, dont il avait fait son dieu; mais maintenant
l'ancien négociant se trouvait partagé entre la surprise et l'admiration, — une admiration réelle, im-
périeuse, qui lui était commandée malgré lui, par la
grandeur et la délicatesse de cette jeune fille, qu'il
sentait en ce moment si supérieure à lui-même. Ce
dernier sentiment prévalut enfin. Il se sentit le cœur
remué; ses yeux s'humectèrent de larmes, et il serra
dans ses bras Célinie qui lui souriait:

» — Cela ne vaut-il pas bien mieux ainsi, mon
bon père, que le moindre accident survenu à votre

santé ou à celle de ma mère? Et vous, ne préférez-vous pas perdre vingt ou vingt-cinq mille francs de rente qu'être menacé de perdre tout à coup votre petite Célinie ?

» — Certainement, certainement, dit M. Simonnet d'une voix mal assurée. Mais ne cherche pas à me consoler, les consolations ne sont pas possibles maintenant. Tu ne peux pas sentir toute la portée d'un si grand malheur, petite. Tu ne sais pas, tu ne peux pas comprendre ce que c'est que de perdre une fortune qu'on a mis trente ans à gagner. Il y a de quoi en être tué sur le coup. — Il y a de quoi en blanchir en cinq minutes. — Tiens; il vaut mieux, pour un homme comme moi, perdre bras et jambes...

» Célinie lui mit la main sur la bouche.

» — Taisez-vous, mon père, — taisez-vous. — Le Ciel pourrait vous punir. Tout n'est pas perdu, puisqu'il vous reste l'honneur et l'entourage de tout ce que vous aimez en ce monde. D'ailleurs, ce n'est pas pour nous la misère, et nous avons toujours notre pain assuré. Il y a tant de malheureux qui n'en peuvent pas dire autant !

» — Une pauvre rente, mon enfant ! Mais c'est la misère, c'est la hideuse misère que j'ai tant redoutée, dont j'avais demandé au Ciel de ne jamais voir la face. Mille écus de rente, ce n'est pas la faim ; — mais ce sont les privations, c'est la gêne, c'est la déconsidération dans toute la ville ; c'est...

» — C'est l'honnête médiocrité avec tous ses charmes, mon père. Nous y gagnerons l'avantage de connaître nos vrais amis...

. » — /Parbleu! je m'en passerais bien! Cela ne vaut pas ce que j'y perdrai. Ah! ma pauvre enfant! Trois mille livres de rente! Quel mari vas-tu avoir avec cela?

» Célinie tira de sa poche une lettre toute prête, sans cachet. Elle la tendit à son père.

» — Mon père, dit-elle, je ne doute pas du cœur de celui que vous m'avez choisi pour époux; mais je vais au-devant d'un refus tacite qu'on pourrait rigoureusement prévoir, en renonçant de moi-même à sa parole. De cette façon seulement, votre délicatesse et votre dignité seront à couvert.

» M. Simonnet regarda Célinie. Des larmes furtives, mal essuyées, avaient laissé sur ses joues leur trace humide. Il comprit que le cœur de son enfant venait de lui faire un sacrifice; son premier mouvement fut de lui rendre la lettre.

» — Non, non, dit-il d'une voix émue. Tu t'exagères les choses. Ce garçon-là a du cœur. Il t'aime vraiment pour toi. Ah! dame, ce n'est pas un de vos freluquets de Paris, quoiqu'il y ait été élevé aussi. Mais c'est de la vieille roche, cette famille-là! Du sang breton tout pur; et... bon sang ne peut mentir. Va, petite, reprends ton grimoire. J'espère bien qu'il ne nous sera bon à rien. Quant aux refus, je les attends de pied ferme, et ceci ne te regarde pas. D'ailleurs, tu n'es pas encore une pauvresse, et je te ferai toujours bien deux mille livres de rente, en te mariant. Ta mère et moi, nous vivons de si peu!

» Célinie sauta au cou de l'ancien armateur, en pleurant.

» — Vous ne ferez pas cela, mon père ; quelle enfant croyez-vous que je sois pour accepter tant de dévouement? Votre fille ne se mariera pas. Elle restera fille, et sera la compagnie et le sourire de vos vieux jours... Je vous assure que ce ne sera pas un sacrifice, et que cela ne me coûtera rien. Voyez plutôt, ajouta-t-elle, en relevant son joli visage souriant à travers ses larmes.

» — Cela ne te coûte rien, petite fripoñne ; et tu pleures... Comment cela se fait-il? dit M. Simonnet, dont les gros yeux laissaient échapper des torrents. — Tiens, vois-tu, tu mens!

» Et le père et la fille s'embrassèrent silencieusement, en se laissant un instant voir l'un à l'autre leur douleur contenue jusque-là.

» Célinie secoua la première cet attendrissement indiscret.

» — C'est vous qui me faites pleurer, père, lui dit-elle. Allons, essuyez-moi ces yeux-là. Je croyais que les hommes avaient plus de courage. Voyons, — faisons nos plans. — Vous ne changerez rien à notre train de vie. Il est si simple! Ma mère ignorera nos revers. Je travaillerai...

» — Tu travailleras, pauvrette! Et que diable feras-tu pour travailler? Toi, ma fille, mademoiselle Simonnet, élevée à Paris, comme les grandes dames. Et qu'est-ce que tu ferais de tes pauvres dix doigts, si minces et si fluets, mignonne? Ah! si tu étais mon fils!...

» — Et c'est parce que vous m'avez fait élever à Paris que je suis plus capable de travailler que toutes mes amies. Je donnerai des leçons de piano, de chant, de dessin. Je ferai des pastels, des gouaches, des fleurs.

» — Des pastels... des gouaches, qu'est-ce que c'est que ça? Comment! tu sais du piano, du chant? Mais, petite malheureuse, je ne veux pas faire de toi une actrice, entends-tu bien?

» — Oh! mon père, ce n'est pas du tout la même chose. Soyez tranquille, et laissez-moi faire. Oh! j'ai été bien élevée, allez! Vous n'avez pas perdu l'argent que vous avez donné pour moi. Eh bien donc, c'est convenu. Ma mère ne saura rien, et nous travaillerons tous les deux à lui cacher le présent, à lui assurer l'avenir. Voyons, ne secouez pas la tête, et écoutez-moi, mon père. Vous aurez encore de beaux jours... Croyez-en le cœur de votre enfant...

» En cet instant, Célinie s'arrêta interdite. La porte s'était ouverte lentement. Madame Simonnet, silencieuse et debout sur le seuil, regardait sa fille. Sur son visage pâle, d'où tombaient sur ses longues boucles brunes d'abondantes larmes, l'orgueil de sa tendresse luttait radieux contre le sentiment d'un malheur dont elle avait surpris la certitude. Un tressaillement de joie, comme les mères seules en ont au sein même des plus amères afflictions, s'empara d'elle. Ses bras s'ouvrirent, et elle courut à sa fille.

» — Oh! dit-elle, Dieu soit loué! Je suis fière de toi!

» Une longue étreinte réunit la mère et la fille. Elles oublièrent tout et s'oublièrent elles-mêmes dans cette muette effusion. Ici, le malheur n'était plus de la partie.

» Madame Simonnet s'arracha enfin à cette extase. Elle releva la tête, et, cherchant le regard de sa fille, elle saisit ses mains.

» — Enfant! lui dit-elle, tu comptais sans ta mère!

» Puis, se levant, elle tira de sa poche la petite clef d'un coffret qui se cachait mystérieusement au fond d'un vieux meuble incrusté de cuivre qui lui venait de sa mère. Elle tira de là un gros porte-feuille ventru, dont le maroquin bleu criait sous le large fermoir d'acier.

» — Voici ta dot, dit-elle.

» — Ah! la friponne! pensa M. Simonnet. Je savais bien qu'elle avait battu monnaie. Cet argent-là a mieux dormi que moi. Oui. Mais aussi, c'est quelque chose que d'avoir cent mille francs sous la main dans un moment comme celui-ci.

» Et il ne put s'empêcher de tendre la main à sa femme.

» Madame Simonnet se tourna vers son mari.

» — C'est le prix de mes diamants, monsieur, lui dit-elle. Pardonnez-moi d'avoir agi sans votre con-sentement en cette circonstance. Vous m'auriez refusé l'autorisation d'en disposer, malgré le droit que j'en avais, et je me suis épargné la contrariété de vous désobéir en ne vous consultant pas. La somme que vous me donniez annuellement pour l'éducation et l'entretien de notre fille était insuffisante. J'ai con-sacré quelques milliers de francs à lui donner un bien-être matériel qui lui a profité comme vous voyez, et des talents que vous eussiez crus superflus, et qui, au point de vue des exigences de l'éducation actuelle, sont des conditions de rigueur dans le monde où notre fille est destinée à vivre. J'espère, monsieur, que des considérations aussi sérieuses seront une excuse suffisante à vos yeux. J'ai gardé intacts les cent mille francs que voici. Je comptais les ajouter à sa corbeille de mariage. Ce sera sa dot maintenant, si vous le voulez bien ?

» M. Simonnet regardait sa femme avec admiration. Pour la première fois de sa vie, peut-être, il comprit tout ce qu'elle valait, et reconnut, en toute humilité, la supériorité réelle de cette nature fière, timide et délicate. D'ailleurs, sa conscience lui disait tout bas que la Providence s'était mêlée de tout ceci, et que, sans la prévoyance de sa femme, ces valeurs eussent été exposées à bien des chances. Il attira à lui madame Simonnet et la baisa au front avec toute la tendresse dont il était capable.

» — Vous avez bien fait, madame ; vous avez bien fait. Vous vous êtes conduite en bonne ménagère, et moi comme un fou que j'étais. Si je regagne jamais une obole, je veux bien perdre mon nom, parbleu, si tous ces tripotiers me la rattrapent.

» Un mois après, la publication officielle des bans du mariage de mademoiselle Simonnet se faisait à Nantes. Elle n'étonna personne et ne porta ombrage à qui que ce fût. Résultat assez rare : car, pour l'obtenir, il ne faut avoir que des amis. »

— Etait-ce toujours le même prétendu ? demanda la jeune cousine de la comtesse.

—Oui, madame, dit M. de Livry en s'inclinant poliment. Ah! j'avais oublié de vous dire que M. Simonnet, qui est l'homme du monde le plus intelligent, s'est remis hardiment dans les affaires, et qu'il est associé en ce moment à l'une des maisons de commerce les plus florissantes de la ville. Inutile de dire que les gens de tact qui fréquentent sa maison ne parlent jamais de la *Bourse* devant lui.

— Il a aussi oublié de dire, continua la comtesse, que mademoiselle Célinie Simonnet a retrouvé dans sa corbeille de mariage les diamants de sa mère, les vrais, — et que ceci est un galant cadeau de son fiancé, qui, depuis leur disparition, avait suivi leur trace à la piste avec une sagacité des plus louables.

— Vous voyez, mon cher filleul, que je ne vous épargne pas les éloges

Tout le monde ouvrit de grands yeux pour mieux regarder M. de Livry.

— Enfin, mesdames, dit la comtesse en souriant, et je le puis dire puisque nous sommes en cercle intime et que vous êtes presque toutes les trois de ma famille, le baron a négligé de vous dire le plus piquant et le plus essentiel, à savoir que ce galant prétendu n'est autre que lui, et que cette histoire est celle de sa charmante jeune femme qu'il vient de nous amener de Paris et que vous verrez ici cet hiver.

—Vraiment, Arthur, dit la cousine de la comtesse qui est aussi celle du baron, c'est votre femme, cette charmante petite personne que j'ai rencontrée l'autre jour dans votre voiture, qui est mademoiselle Célinie Simonnet?

— Oui, ma cousine, c'est elle-même, moins le nom, que vous avez dû trouver autre dans nos lettres officielles de faire part, et que je me suis permis de changer dans mon récit, en usant de la faculté accordée aux poètes et aux peintres.

— Comtesse, dit l'autre jeune dame, convenez que M. de Livry a bien le droit de protester contre votre bracelet de strass.

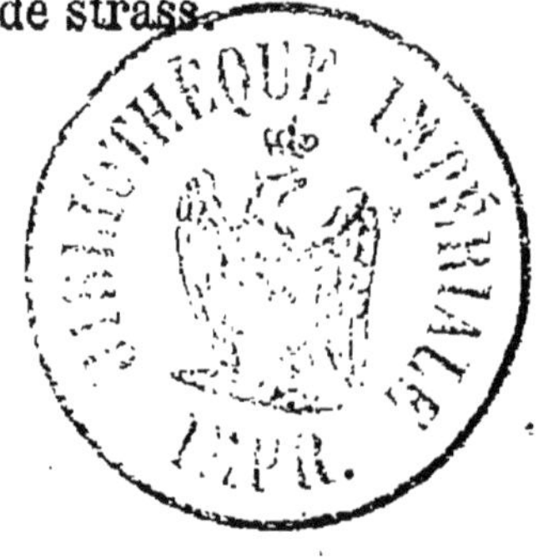

FIN.

TABLE.

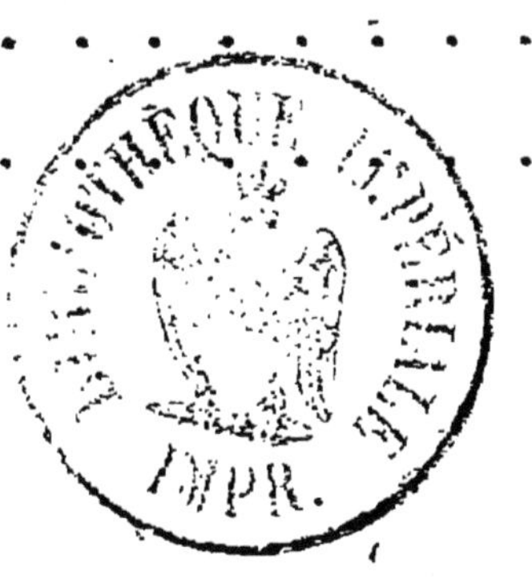

Tournai, typ. H. Casterman.

COLLECTION À 1 FRANC